志
说
江
南

江南旧志图选·名胜

苏州市地方志办公室 编

凤凰出版社

序

二〇二二年四月，中共中央办公厅、国务院办公厅印发的《关于推进新时代古籍工作的意见》(以下简称《意见》）如一缕春风吹暖了古籍界。《意见》要求，“加强古籍抢救保护、整理研究和出版利用，促进古籍事业发展，为实现中华民族伟大复兴提供精神力量”。

中华文明泱泱五千年，古籍承载着历史的厚重，留下了文化的墨香。近两年，央视综合频道热播的大型文化节目《典籍里的中国》，让古老的典籍走进电视观众的视野；九集专题纪录片《穿越时空的古籍》，用活化的方式聚焦中华古籍，让年轻的观众和读者惊叹古籍“出圈”了。

古籍是我国宝贵的文化遗产，旧志是古籍中的一大门类，约占古籍的十分之一。正如《意见》要求，“将古籍工作融入国家发展大局，注重国家重大战略实施中的古籍保护传承和转化利用”。旧志整理工作是新时代古籍工作的重要组成部分，作为需要“强化古籍工作部门职责”的方志部门来说，承担旧志整理工作，既是义不容辞的职责，更是一种使命和担当。

如何“让书写在古籍里的文字都活起来”，是当下古籍推广的“重中之重”。创新推进古籍工作，向社会提供更多的展示窗口，才能让更多的人注意到这件事，让普通民众接触和了解古籍。只有让年轻人爱上古书，古书才有未来。

史学家章学诚曾说："夫家有谱，州有志，国有史，其义一也。"方志与国史、家谱均为重要的历史文献。志书编修的初衷无疑是"存史"——留存地方的记忆。

据《中国地方志联合目录》统计，我国现存历代编修的旧志有八千五百多种，这些旧志中保留了大量的历史信息，除了文字信息，也有舆图信息。旧志舆图包括境域图、城池图、府治县治图、学宫图、山水图、名胜图、寺观图、人物肖像图等，是跨越时空的"情景图"。通过古今对照，人们可以感知沧桑变化，了解家乡的前世今生。

图像的优点是直观、生动、形象。地方志的源头之一正是"图经"，是一种图文并茂的载体。时至今日，现代新方志仍然将地图作为"述、记、志、传、图、表、录"七种主要体裁的形式之一。

二〇一九年十二月，中共中央、国务院印发《长江三角洲区域一体化发展规划纲要》，为长三角地区的一体化发展提供了纲领性的指导。长三角一体化上升为国家战略之后，江南文化成为文化领域研究的热点，同时也对以江南文化为根基着力打造江南文化高地、发挥江南地区经济文化的引领作用提出了更高的要求。

长江三角洲区域一体化发展规划范围包括上海市、江苏省、浙江省、安徽省全域，完全涵盖旧时以"八府一州"为中心的江南地域。要研究江南文化，离不开植根江南地区的各级各类全方位反映地方历史与现状的地方志。

苏州位于江南腹地，是江南文化的主要发祥地。三千多年前，泰伯来到江南建"勾吴"国。随着吴国的强盛，"西破强楚，北威齐晋，南服越人"的历史纪录，在地方志上班班可考。

《意见》要求古籍工作要"坚持守正创新，古为今用、推陈出新，服务当代、面向未来”，“深入推进中华优秀传统文化创造性转化、创新性发展”。

在国家战略长三角一体化发展的大背景下，苏州市地方志办公室在苏州市委、市政府的支持下，在江苏省地方志办公室的指导下，服务中心，围绕大局，主动作为，立足苏州，放眼江南，为长三角一体化发展寻找历史基因，秉承“修志为用”的原则，依托丰厚的江南旧志资源，以志明史，整理出版“志说江南”系列丛书，正是地方志工作创造性转化、创新性发展的新时代的新作为。

“志说江南”系列丛书分为《江南旧志图选·城池》《江南旧志图选·境域》《江南旧志图选·名胜》《江南旧志图选·八景》《江南旧志文选·序跋》五种图书，以满足新时期“存史”“资政”“育人”的需要。

旧志整理的真正目的是更好地利用，只有旧志不再诘屈聱牙，不再晦涩难懂，才能更好地普及传播，古为今用。因此，我们选编这套“志说江南”系列丛书，最终是让它“飞入寻常百姓家”，发挥赓续江南文脉、弘扬江南文化的现实作用，也希望它能为新时期江南地区的融合发展提供历史借鉴和文化认同。

二〇二三年六月

凡 例

一、本志为“志说江南”系列丛书之一“名胜”，选录范围为江苏、浙江、安徽三省十五个现行设区市和上海市。

二、本志选录城市的编排顺序是江苏的南京市、镇江市、常州市、无锡市、苏州市、扬州市、泰州市、南通市；上海全域；浙江的杭州市、嘉兴市、湖州市、宁波市、绍兴市；安徽的安庆市、黄山市。

三、本志选图时，力争做到覆盖各地市县区域，由于各地文献齐备程度不一，不同地市选图幅数略有差异，部分城市暂付阙如。

四、本志选图以清晰为原则，同一地区，历代志书所收重复者，选最清晰者。

五、本志选编时力求保持各志原图原貌。原志书版式尺寸各异，本志在保持原图长宽比例的基础上统一版心尺寸。

六、本志选图中出现的地名，皆使用通用名称，每幅名胜图均标注图名及资料来源。

目 录

南京

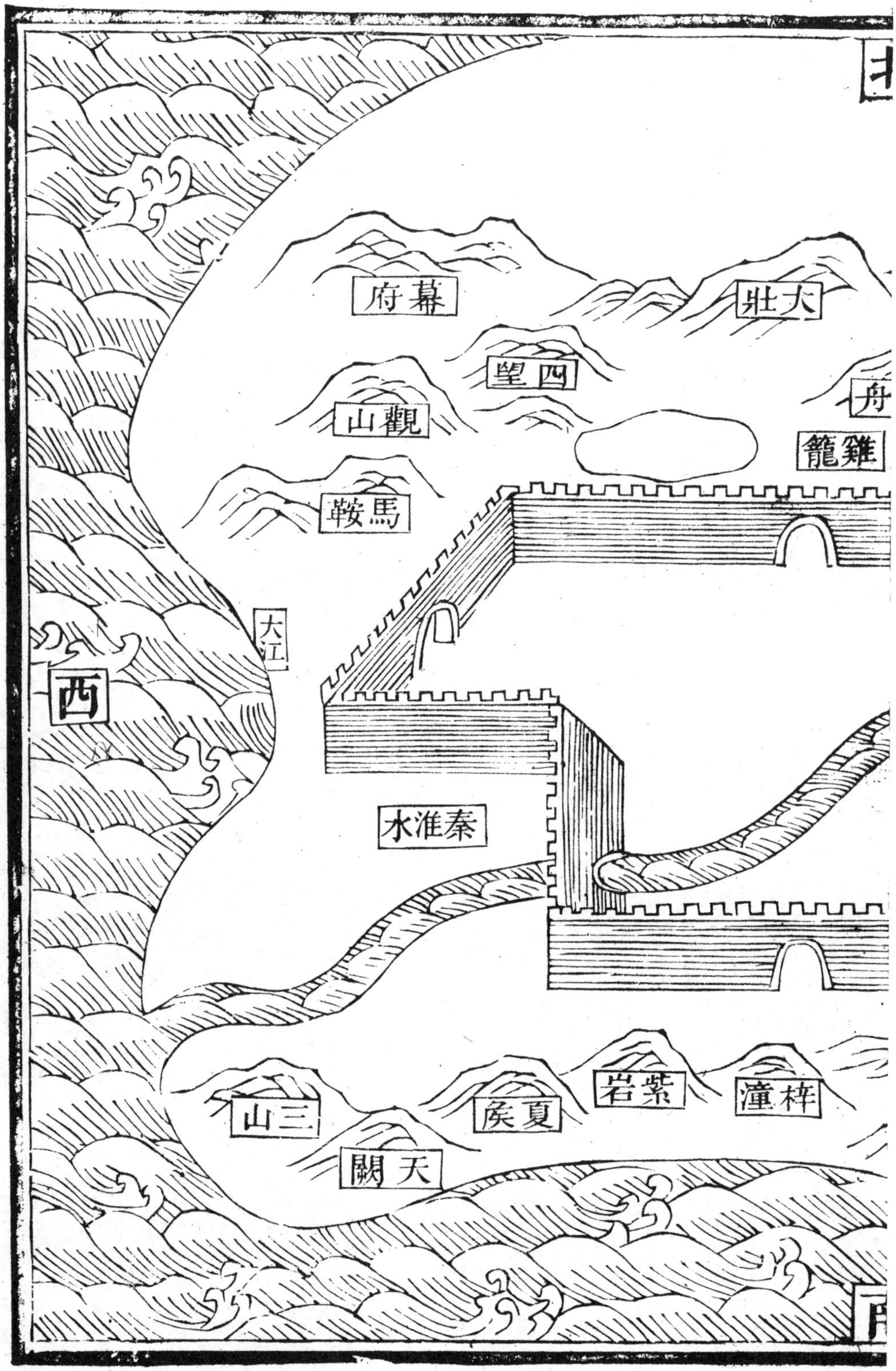

龙盘虎踞图 / 选自《景定建康志》

龍盤虎踞圖

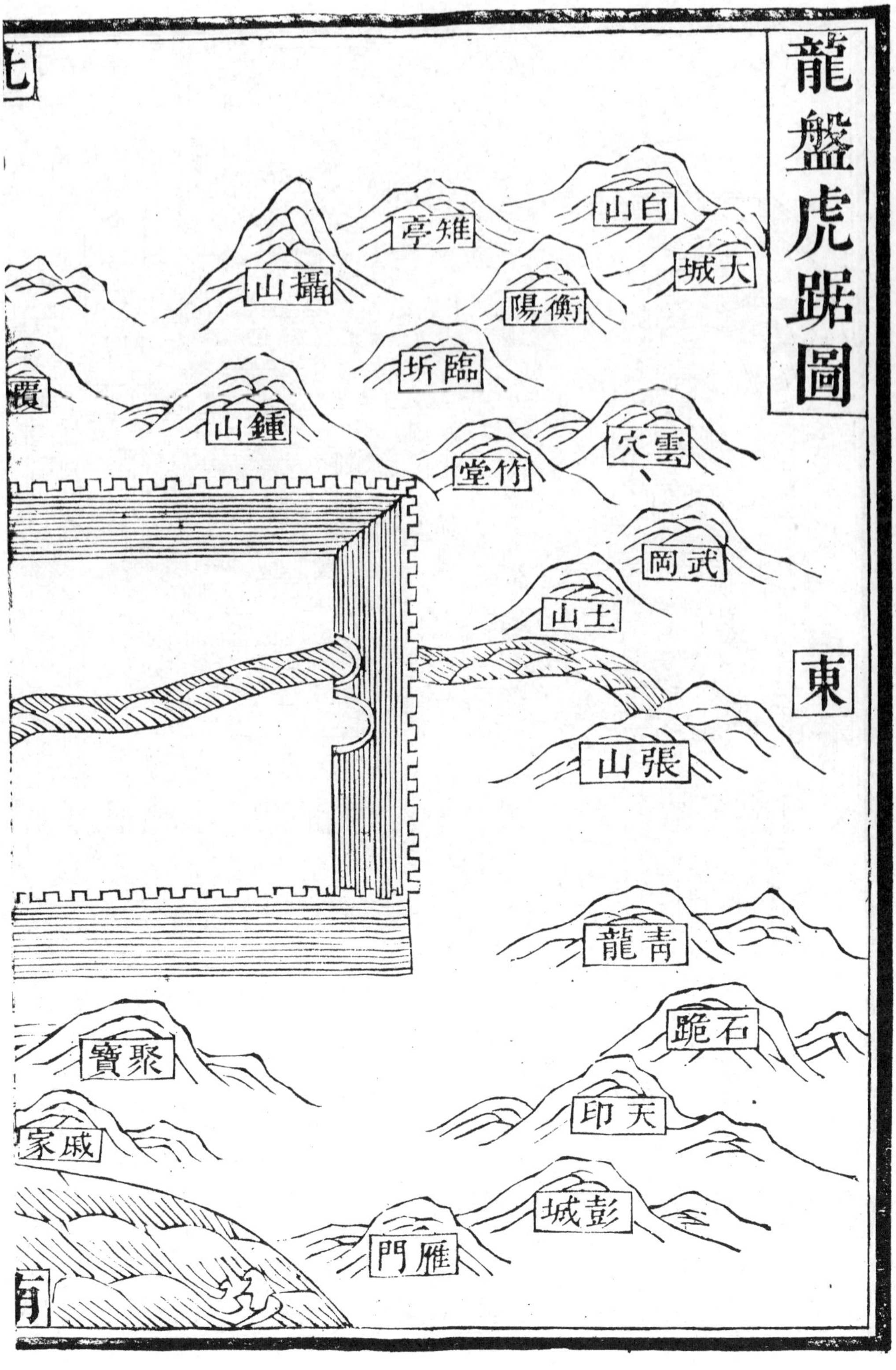

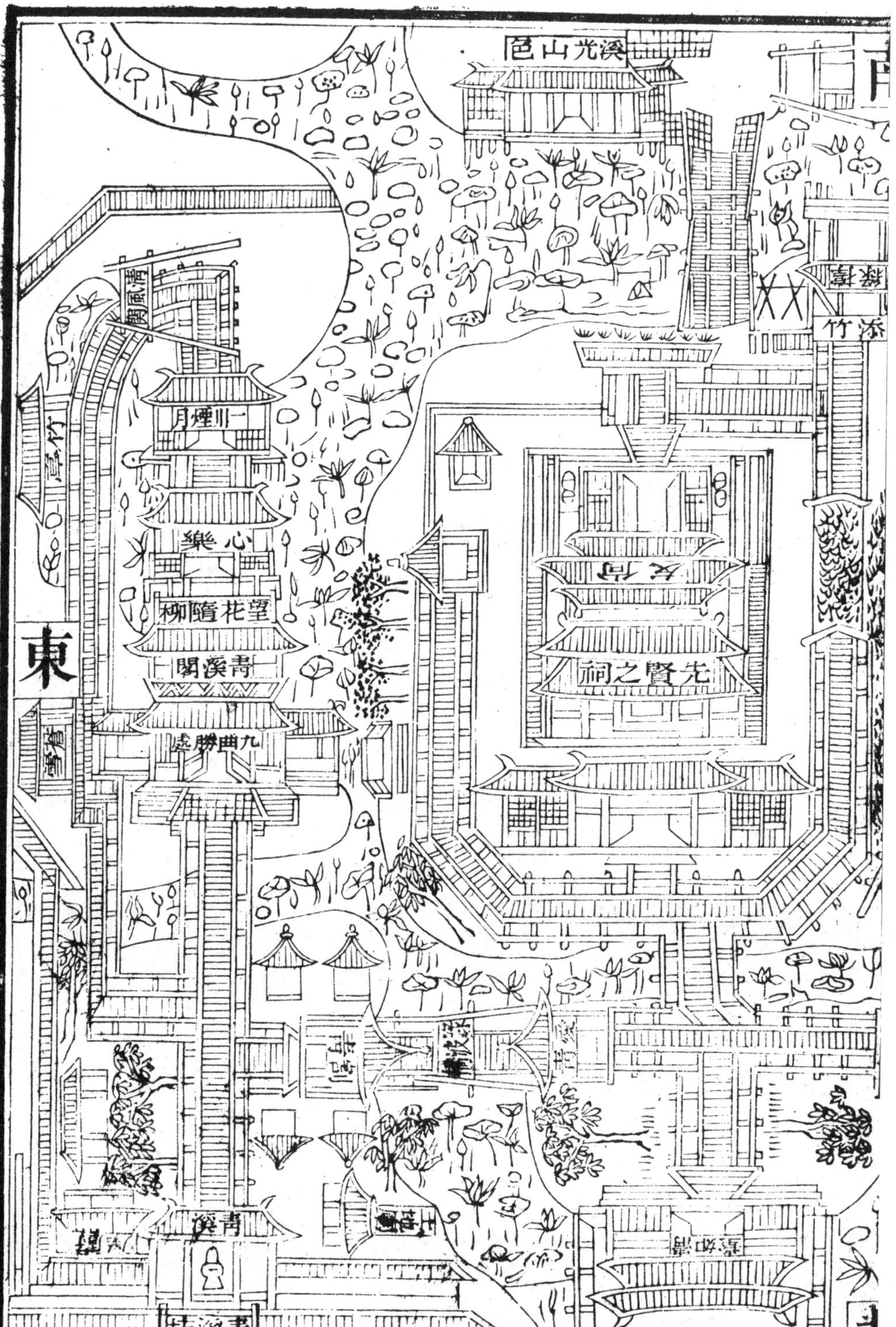

青溪图 / 选自《景定建康志》

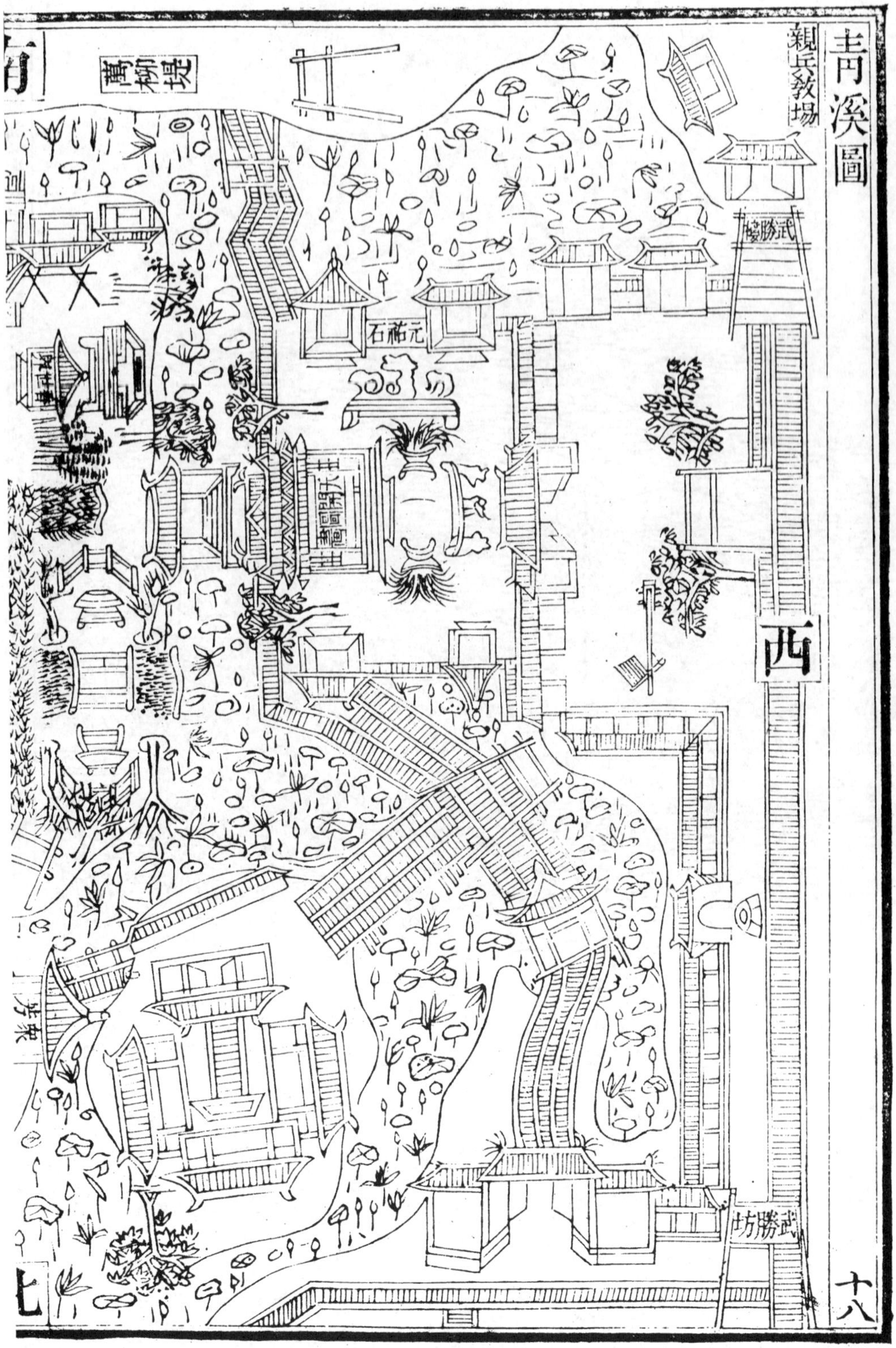

青溪圖
親兵教場
萬柳堤
武勝樓
元祐石
西
武勝坊
十八

白鹭洲图 / 选自康熙《江宁府志》

白鷺洲
在府治西南八里周回十五里即太白詩所稱二水中分者是也扼上流足為天險舊有賞心亭白鷺亭二水亭今城既恢拓亭亦久廢惟潮汐無改耳

狮子山图 / 选自康熙《江宁府志》

獅子山
在府治西二十
里高三十六丈
周回五里形如
獅子以是得
名稍南有紫
竹林禪院䂓
恩和尚至金
陵始建郡伯
陳開宴脩造
一閣一亭登
眺始曠爰勒
死於石
紫竹林

幕府山图 / 选自康熙《江宁府志》

幕府山
在府西北二十里晉元
帝初渡江丞相王導
建幕于此其上有
仙人臺虎跑泉今稱
爲石灰山李子崗至
崇化寺梅花水皆深
邃幽遠以境僻遊跡
罕至然濱江一帶古
跡猶存

钟山图 / 选自乾隆《上元县志》

鍾山圖

鸡笼山图 / 选自乾隆《上元县志》

鷄籠山圖

清凉山图 / 选自乾隆《上元县志》

清涼山圖
上元黃申瑾畫

天印山图 / 选自乾隆《上元县志》

天印山圖

卢龙山图 / 选自乾隆《上元县志》

盧龍山圖

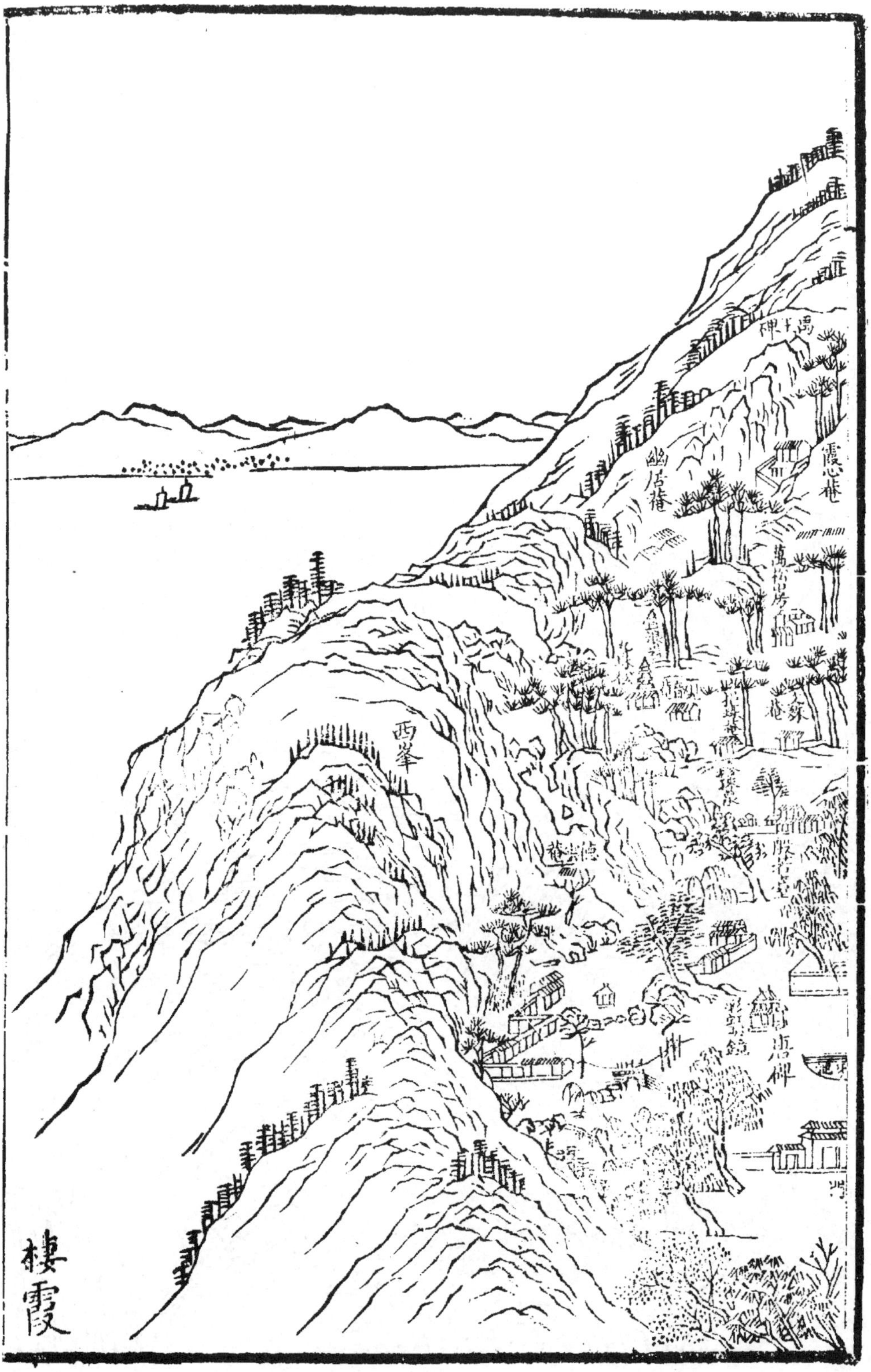

摄山图 / 选自清《摄山志》

白鹿泉
紫峯閣
無量殿
三會殿
鐘樓
東山峯

冶城图 / 选自乾隆《上元县志》

冶城圖

燕子矶图 / 选自乾隆《上元县志》

燕子磯圖

后湖图 / 选自乾隆《上元县志》

後湖圖
行營

大江图 / 选自乾隆《上元县志》

大江圖

莫愁湖图 / 选自《莫愁湖志》

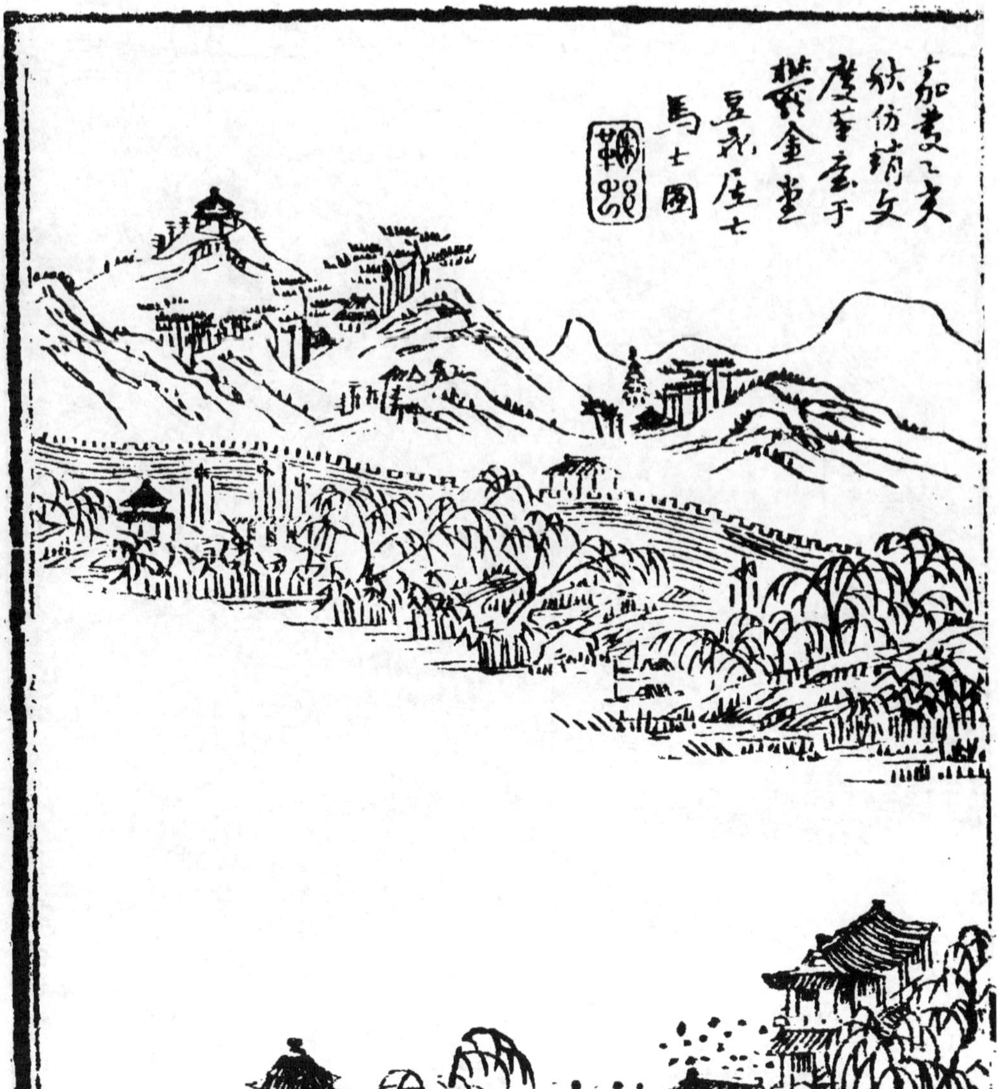
嘉慶乙亥
秋仿靖文
度筆意于
樊金堂
昱飛居士
馬士圖

江浦山水全图 / 选自雍正《江浦县志》

江清山水全圖

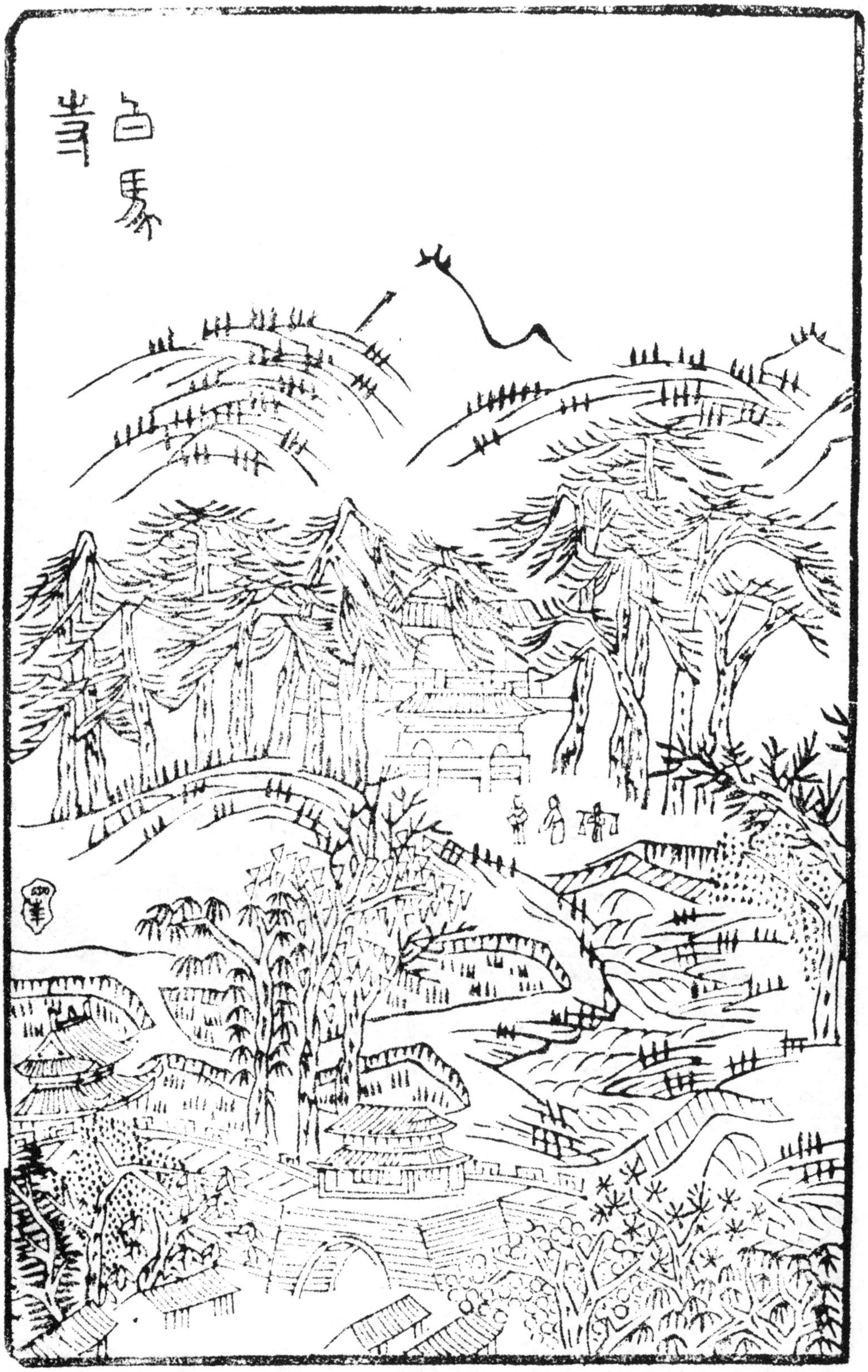

白马寺图 / 选自雍正《江浦县志》

福龙山图/ 选自雍正《江浦县志》

福龍山

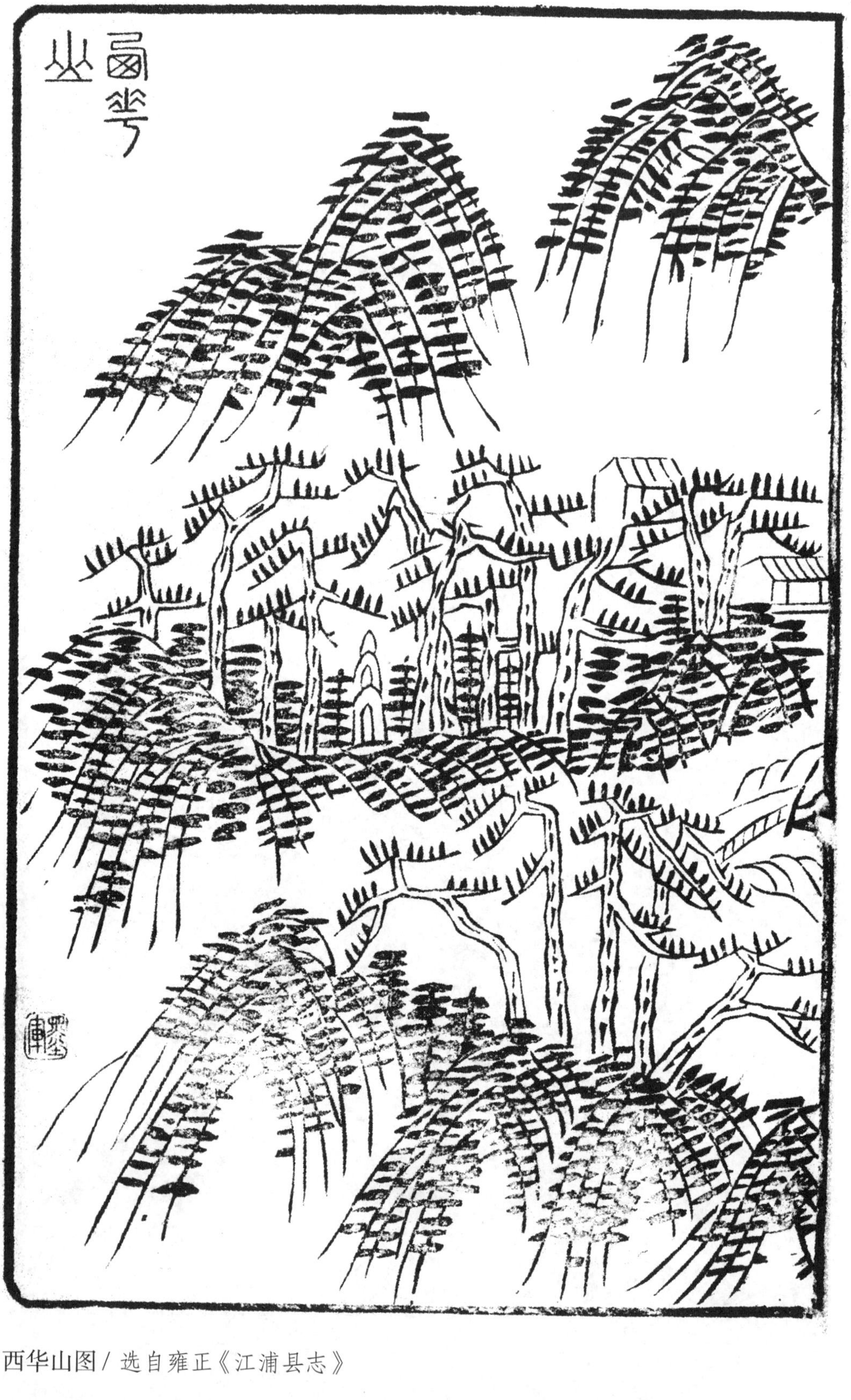

西华山图／选自雍正《江浦县志》

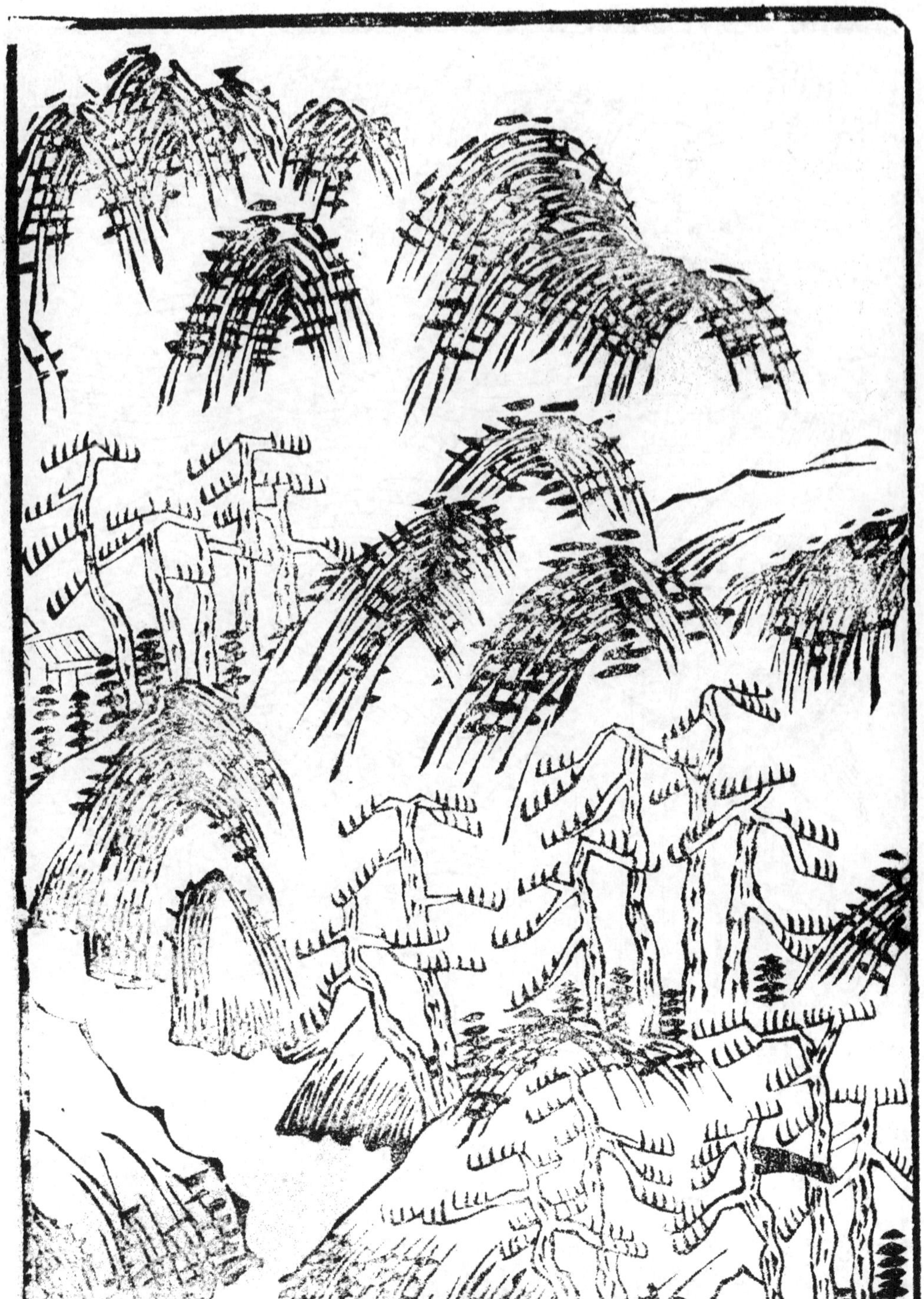

浦子口城图 / 选自雍正《江浦县志》

南京

定山图 / 选自雍正《江浦县志》

定山

珠泉图 / 选自雍正《江浦县志》

平山图 / 选自雍正《江浦县志》

龙洞图 / 选自雍正《江浦县志》

汤泉图 / 选自雍正《江浦县志》

石碛硚图 / 选自雍正《江浦县志》

项亭图 / 选自雍正《江浦县志》

南京

北大山图 / 选自雍正《江浦县志》

县学图 / 选自康熙《六合县志》

縣學圖
明倫堂
訓導衙
先師殿
教諭衙
文源井
黃公祠

龙津桥图 / 选自康熙《六合县志》

龍津橋圖

冶浦桥图 / 选自康熙《六合县志》

灵岩山图 / 选自康熙《六合县志》

靈巖山圖

冶山图 / 选自康熙《六合县志》

草塘图 / 选自康熙《六合县志》

龙池图 / 选自康熙《六合县志》

长芦寺图 / 选自康熙《六合县志》

南京

定山图 / 选自康熙《六合县志》

晋王山图 / 选自康熙《六合县志》

晉王山圖

瓜步山图 / 选自康熙《六合县志》

先农坛图 / 选自乾隆《六合县志》

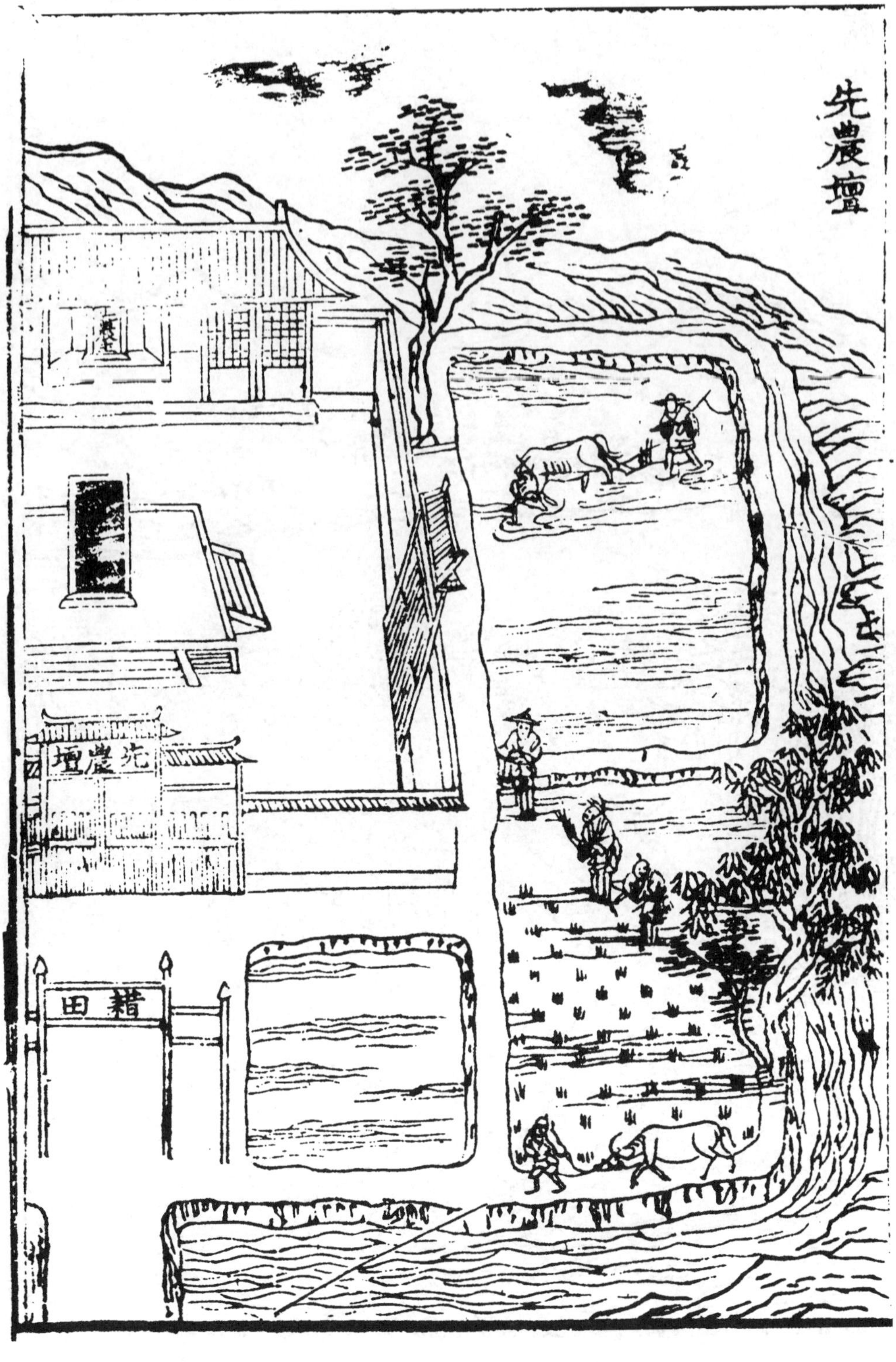
先農壇
先農壇
籍田

关圣庙图 / 选自乾隆《六合县志》

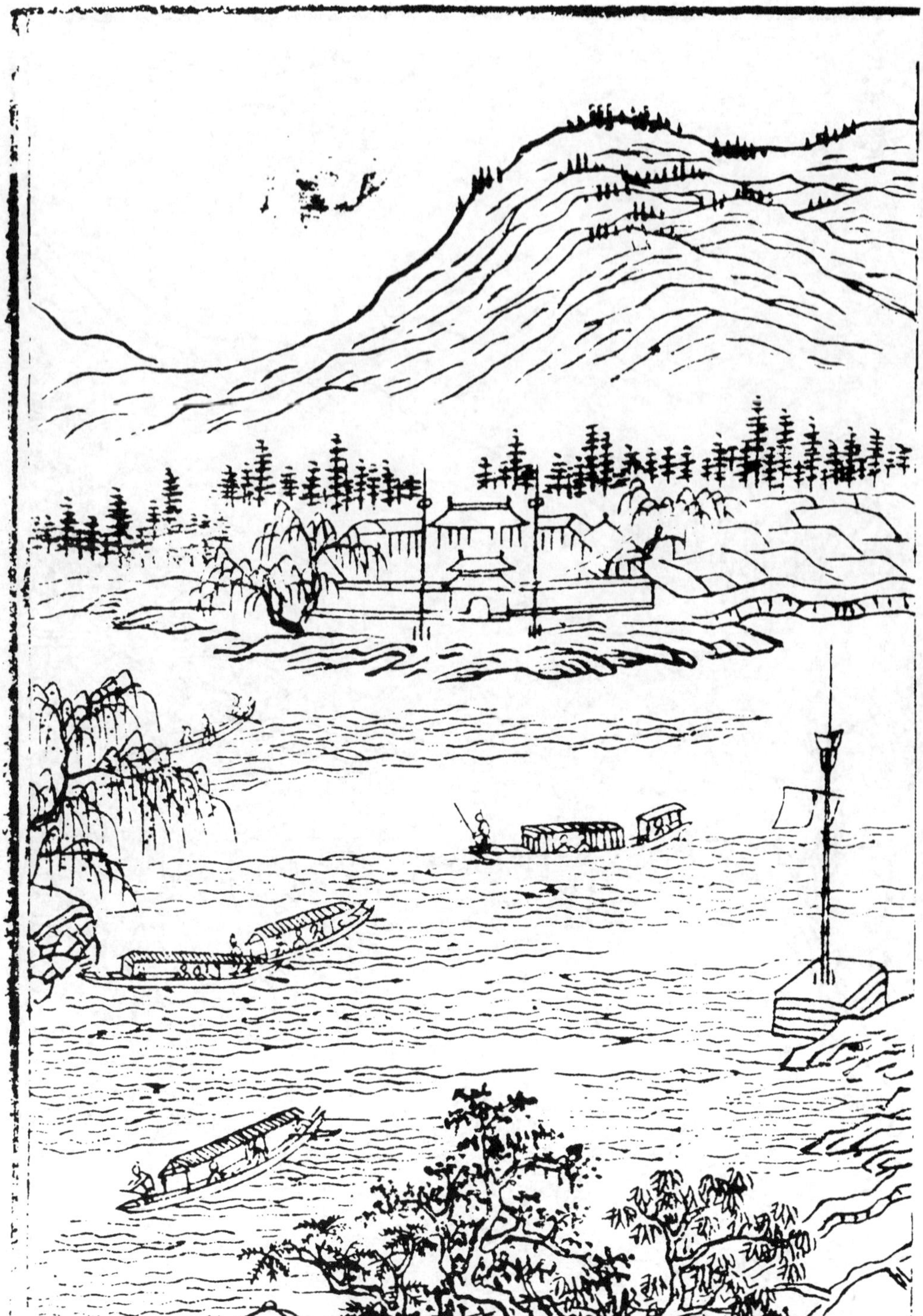

南京

老梅庵图 / 选自乾隆《六合县志》

六合汪榮畫
江寧顧晴崖鐫

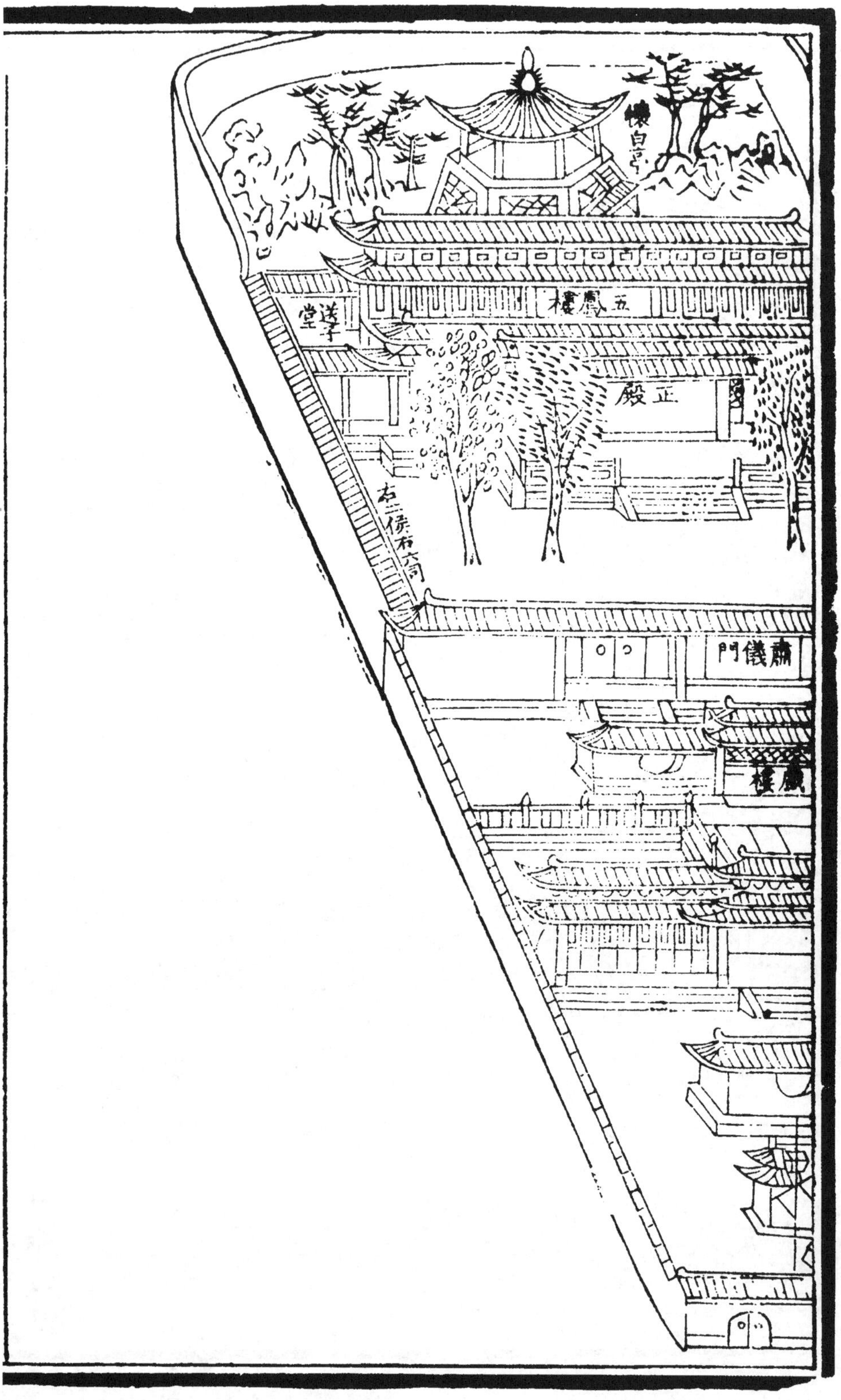

城隍庙图 / 选自光绪《溧水县志》

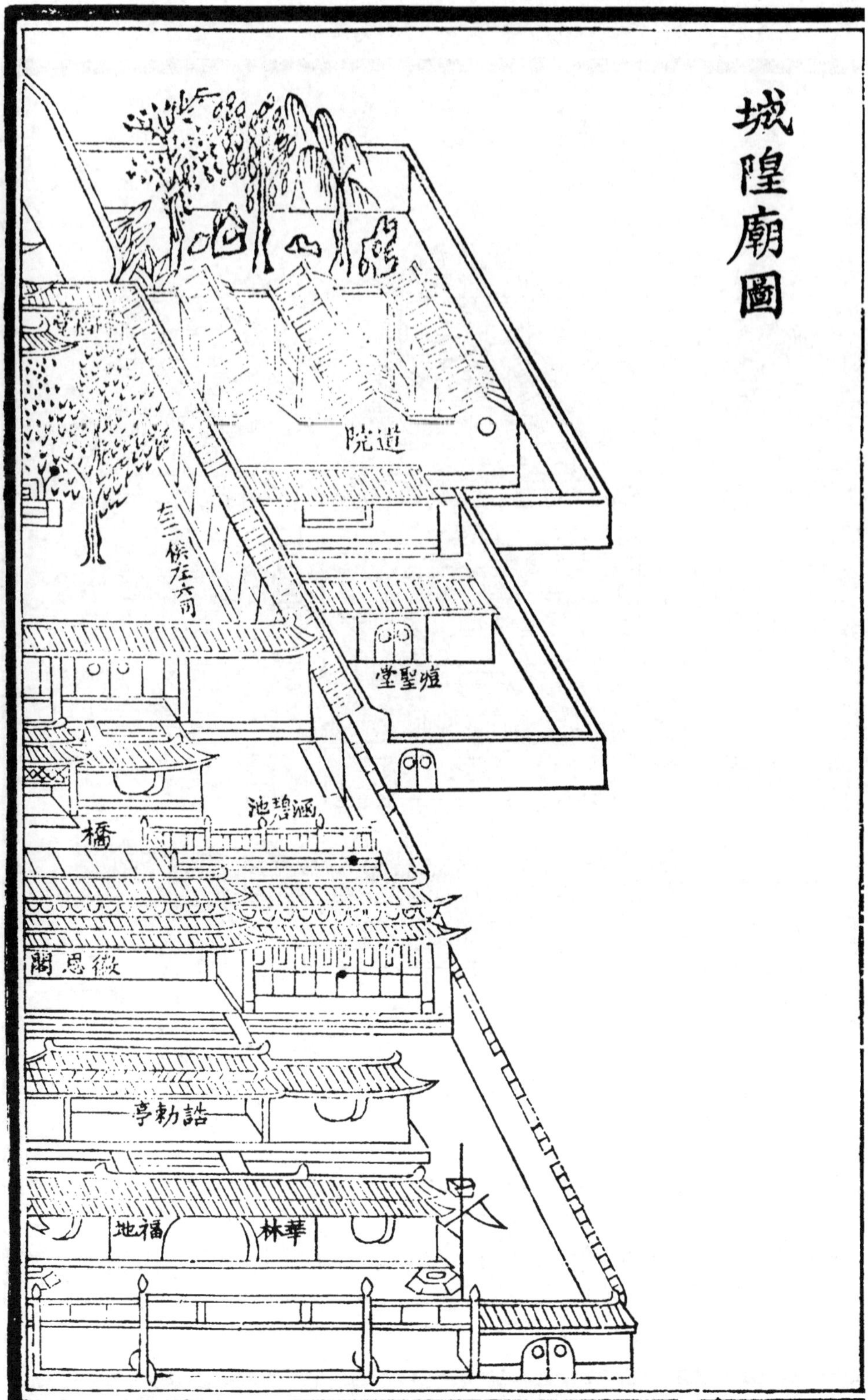
城隍廟圖
道院
痘聖堂
左三候左六司
涵碧池
橋
徵恩閣
誥勅亭
福地
華林

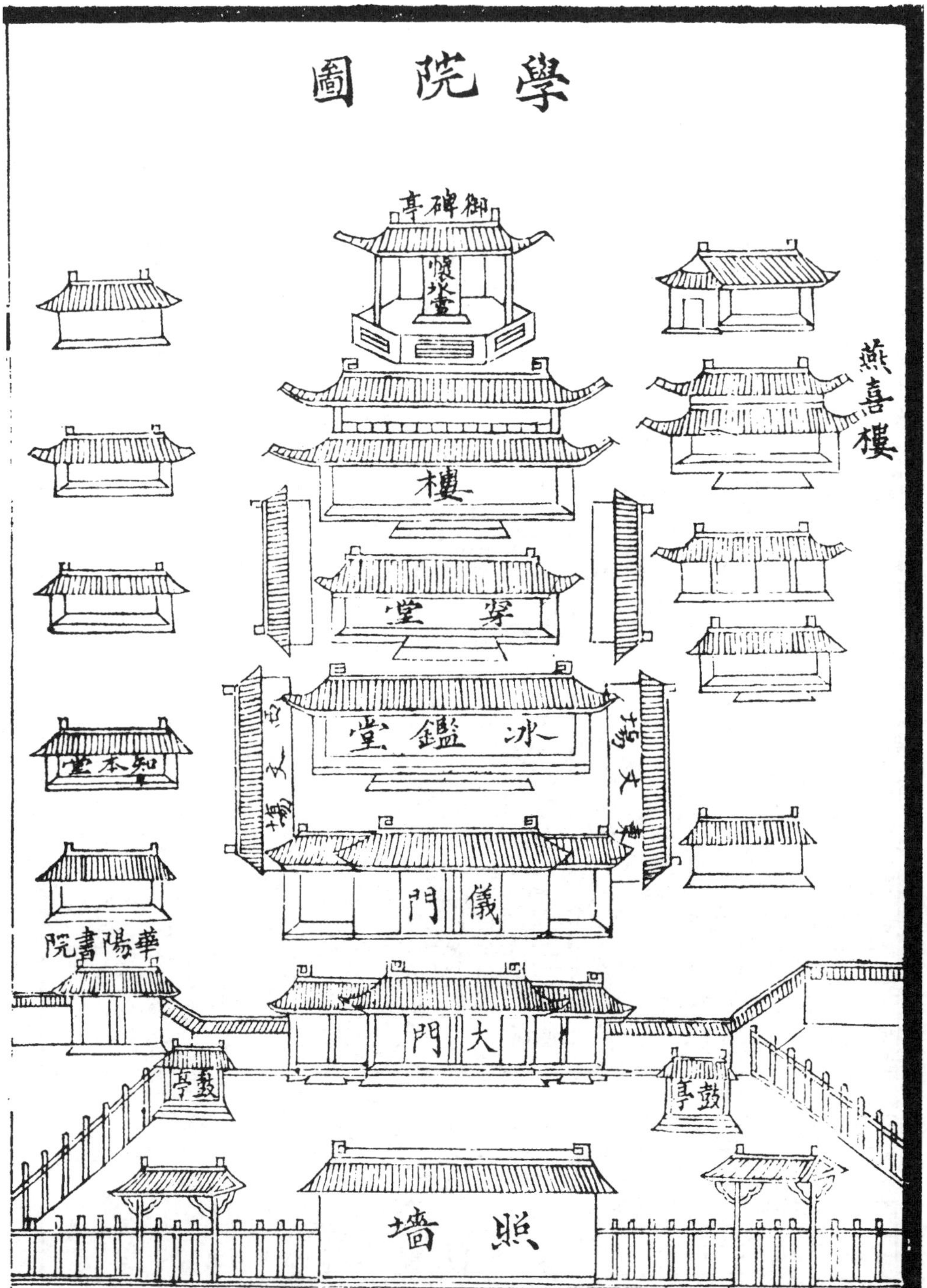

学院图 / 选自乾隆《句容县志》

三台塔图 / 选自乾隆《句容县志》

宝华山敕赐慧居寺图 / 选自乾隆《句容县志》

寶華山圖
寶華山
勅賜慧居寺圖
行宮
大雄寶殿
大悲樓
青龍井

二茅峰　三茅峰图 / 选自乾隆《句容县志》

大茅峰图 / 选自乾隆《句容县志》

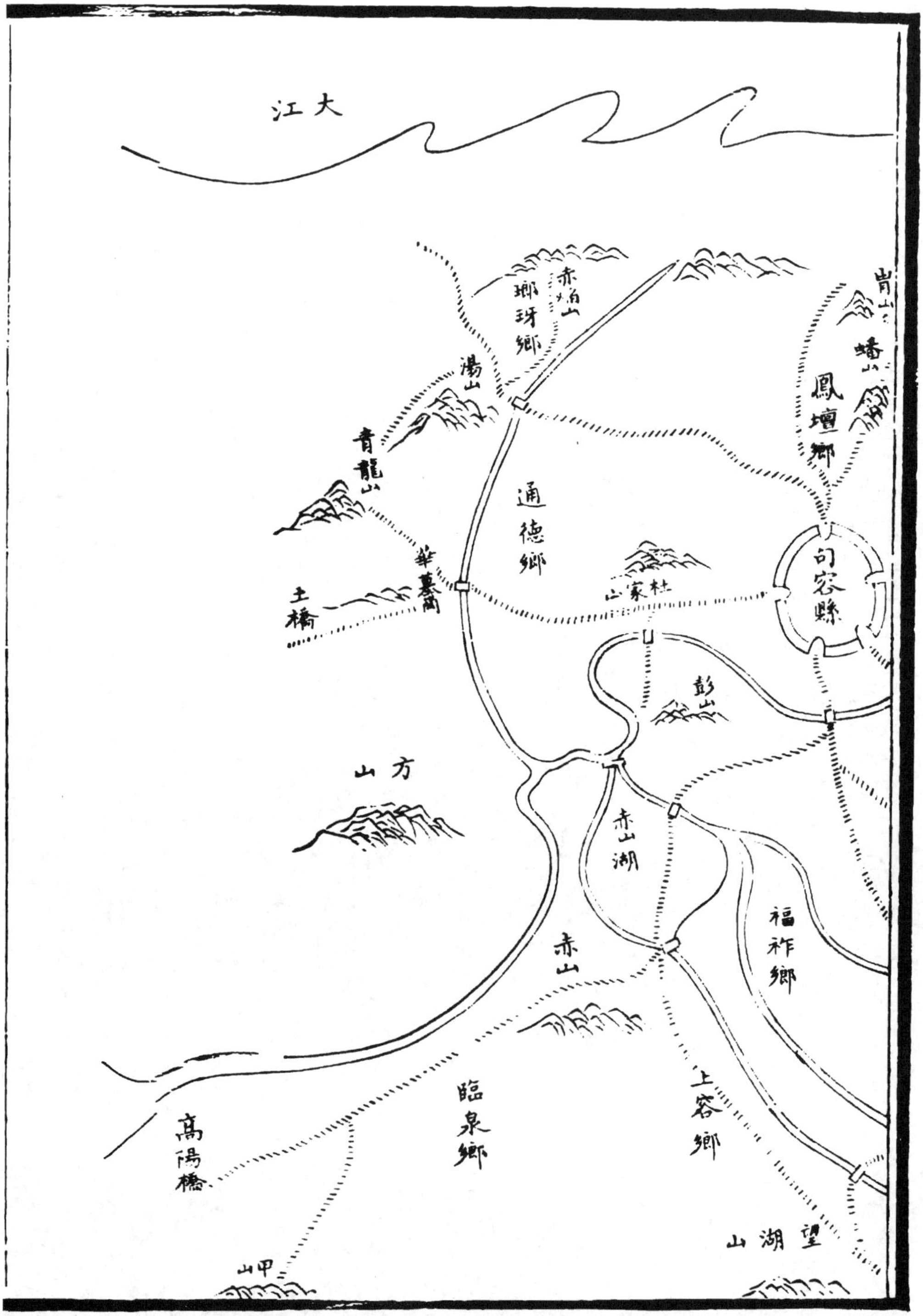

句容十六乡山水图 / 选自光绪《续纂句容县志》

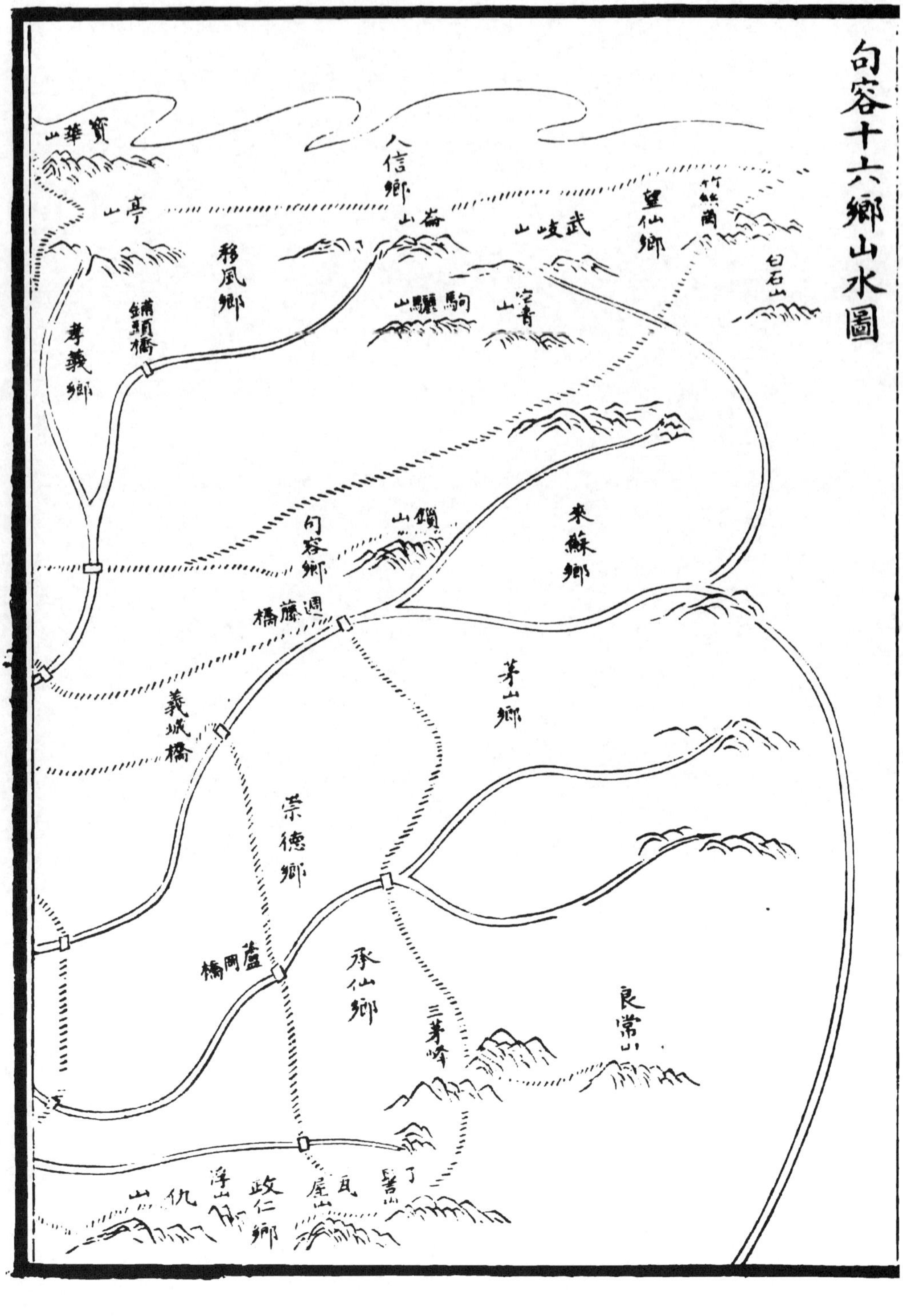
句容十六鄉山水圖
寶華山
亭山
八信鄉
崙山
武岐山
望仙鄉
白石山
移風鄉
舖頭橋
孝義鄉
駒驪山
句容鄉
來蘇鄉
茅山鄉
義城橋
崇德鄉
蓋岡橋
承仙鄉
三茅峰
良常山
仇山
浮山
政仁鄉
瓦屋山

镇江

金山图／选自《古今图书集成·方舆汇编·山川典》

金山
金山寺
御書江天一覽碑
畱雲亭

金山图 / 选自光绪《丹徒县志》

金山圖

金山南面图 / 选自道光《续金山志》

南西圖
慈壽塔
妙高峰
江天閣
鶻山

金山西面图 / 选自道光《续金山志》

西面圖

金山北面图 / 选自道光《续金山志》

北固圖
頭陀岩
白衣洞

金山东面图 / 选自道光《续金山志》

東西圖
薦壽塔
多寶塔
妙空岩
鶻山
盤陀石

行宫图 / 选自道光《续金山志》

行宫图
壮观楼

北固山图 / 选自《古今图书集成·方舆汇编·山川典》

甘露寺
狠石
镇江府城

北固山图/选自光绪《丹徒县志》

北固山圖

中泠泉图／选自光绪《丹徒县志摭馀》

玉山超岸寺图／选自光绪《丹徒县志摭馀》

玉山超岸寺圖

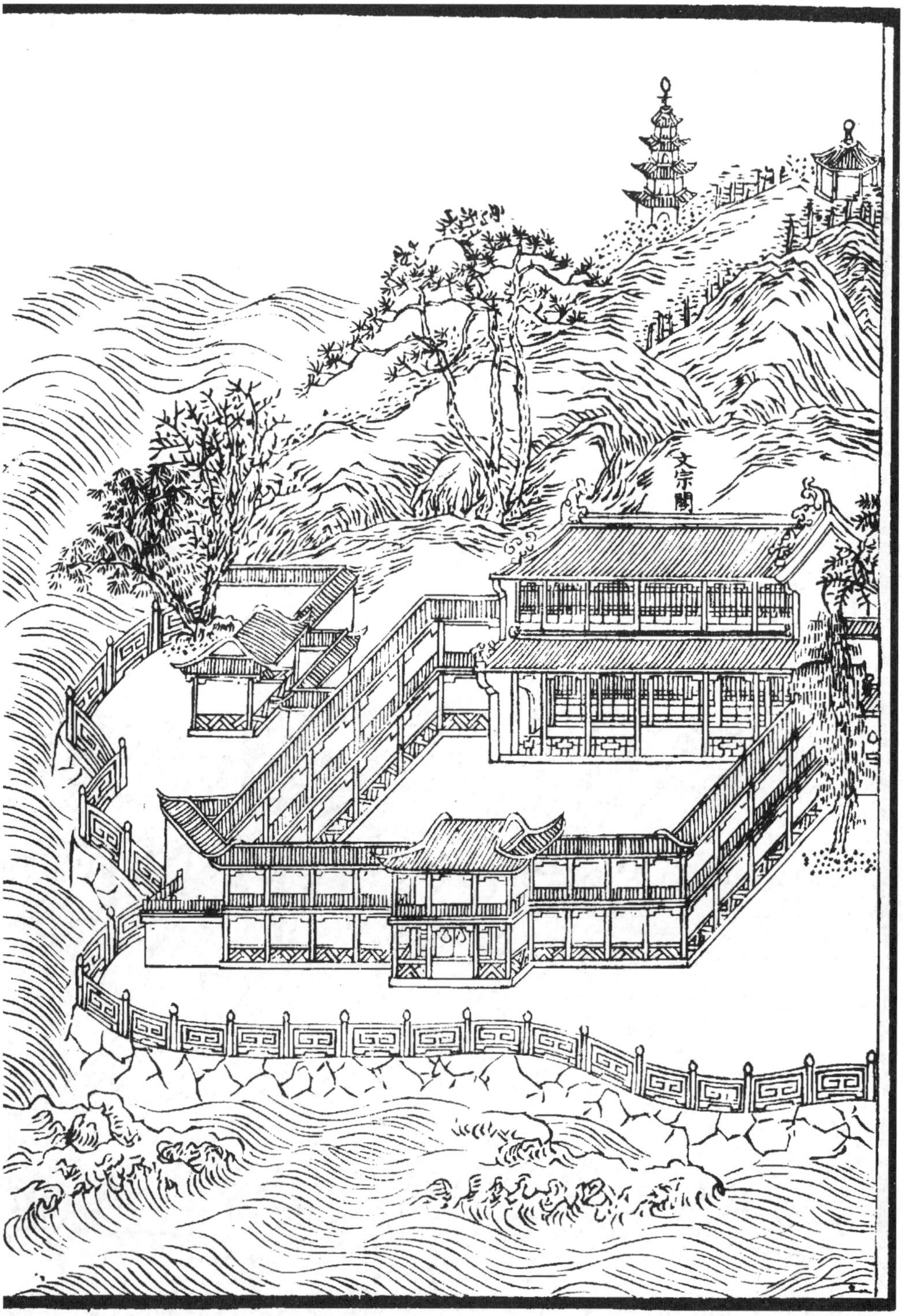

文宗阁图 / 选自嘉庆《两淮盐法志》

文宗閣圖

焦山图 / 选自《古今图书集成·方舆汇编·山川典》

焦祠
三召洞
吸江亭

焦山图 / 选自光绪《丹徒县志》

焦山圖

焦山南面图 / 选自同治《焦山志》

南面圖
吸江樓

焦山西面图／选自同治《焦山志》

西面圖
鏡江樓
觀音岩
棧道

焦山北面图 / 选自同治《焦山志》

北面圖
御碑亭

焦山东面图 / 选自同治《焦山志》

東面圖
松寥山

行宫图 / 选自同治《焦山志》

行宮圖

鹤林寺图 / 选自光绪《丹徒县志摭馀》

鶴林寺圖

竹林寺图 / 选自光绪《丹徒县志摭馀》

竹林寺圖

招隐寺图 / 选自光绪《丹徒县志摭馀》

招隱寺圖

招隐山图 / 选自宣统《招隐山志》

常州

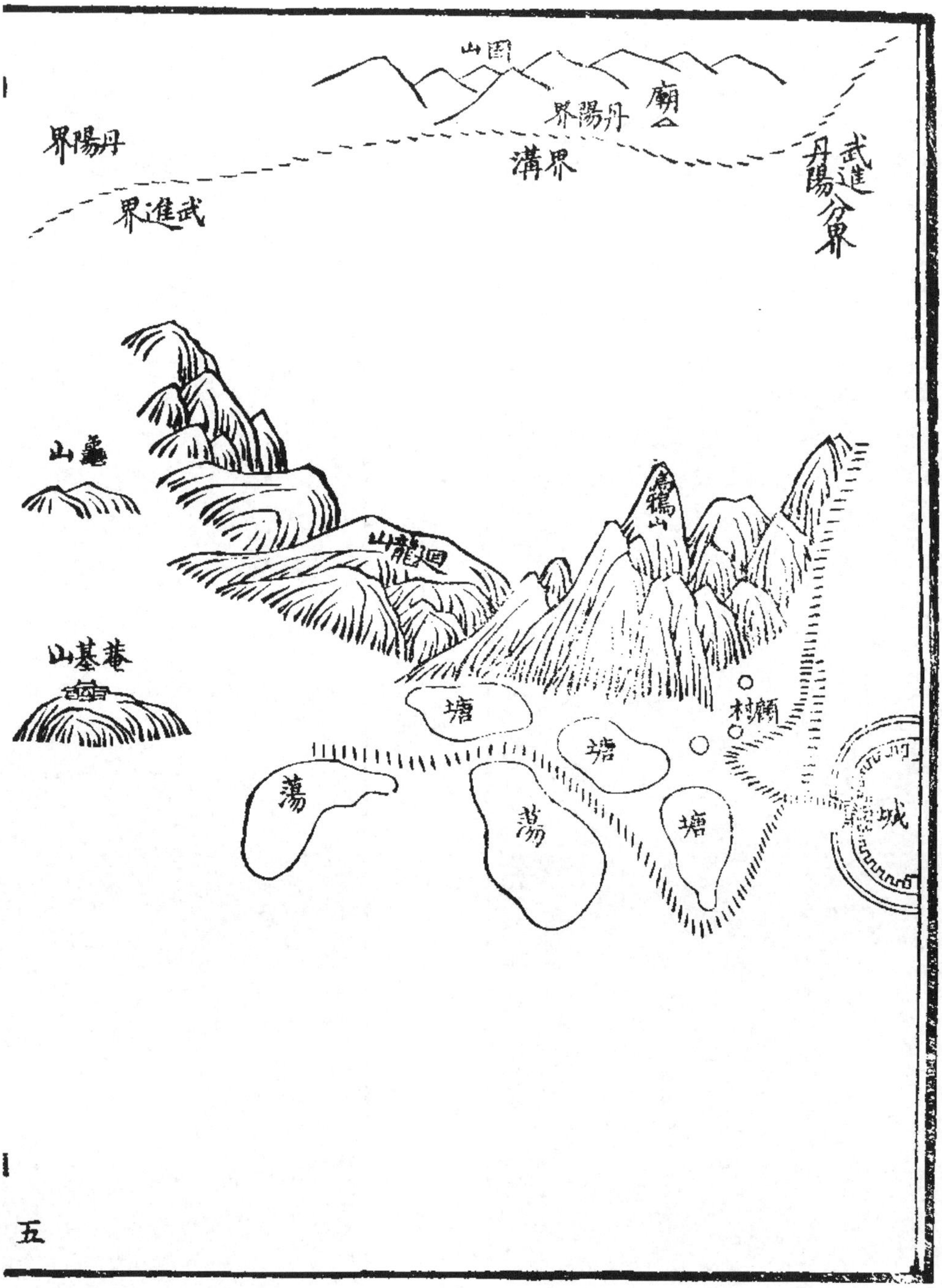

孟城山图 / 选自光绪《武进阳湖县志》

孟城山圖
玉皇廟
姚灣
黃山
大灣
小灣
孟城山
孟梁試刀石處
山門
紅沙山
碧帽頂
觀音山
唐家村
費家巷
孫家村
社廟
吳家寨
劉家村
井家頭
九龍山
孟
蕩
路達六洲

陈墓山图 / 选自光绪《武进阳湖县志》

陳墓山圖

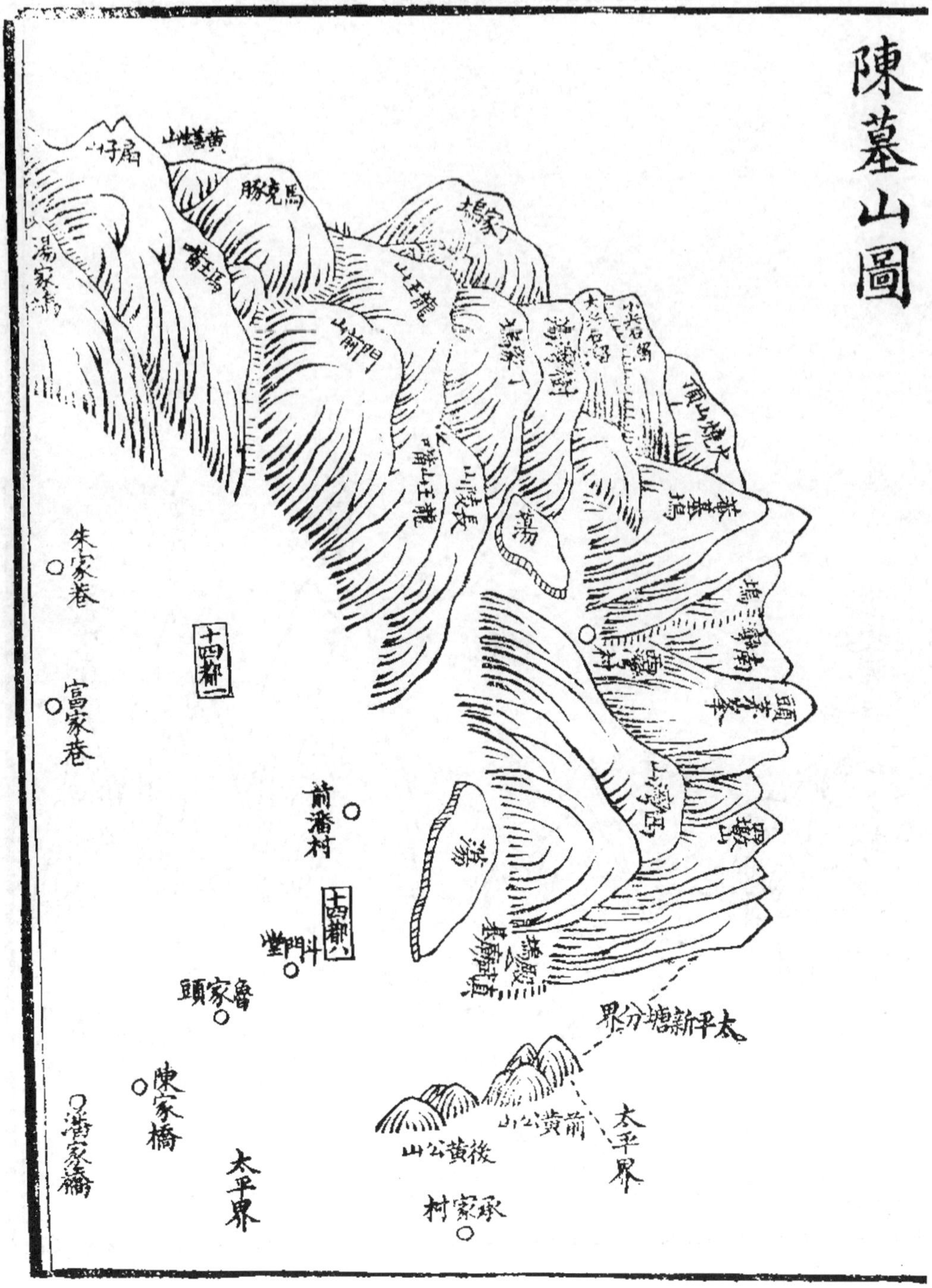

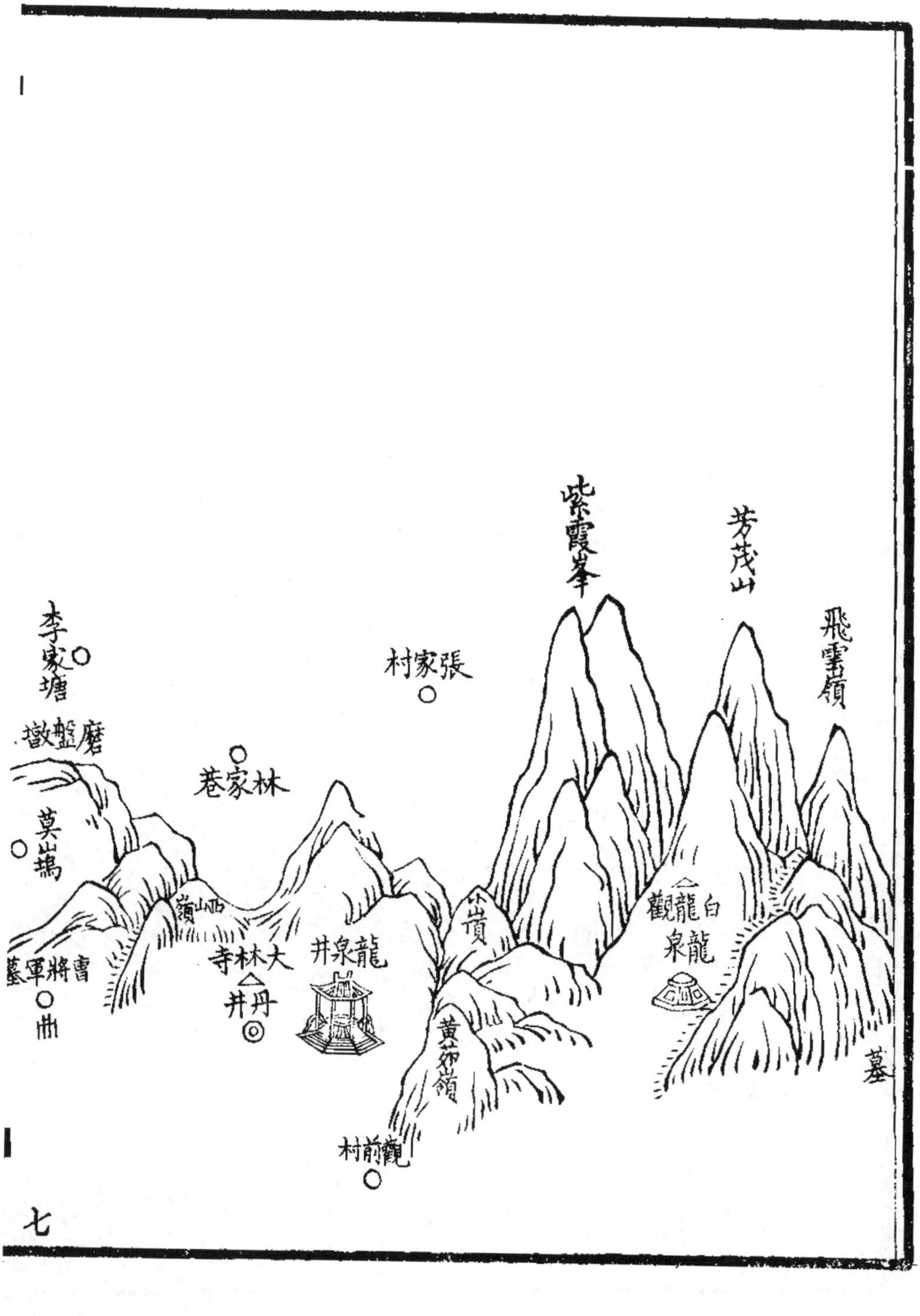

横山图 / 选自光绪《武进阳湖县志》

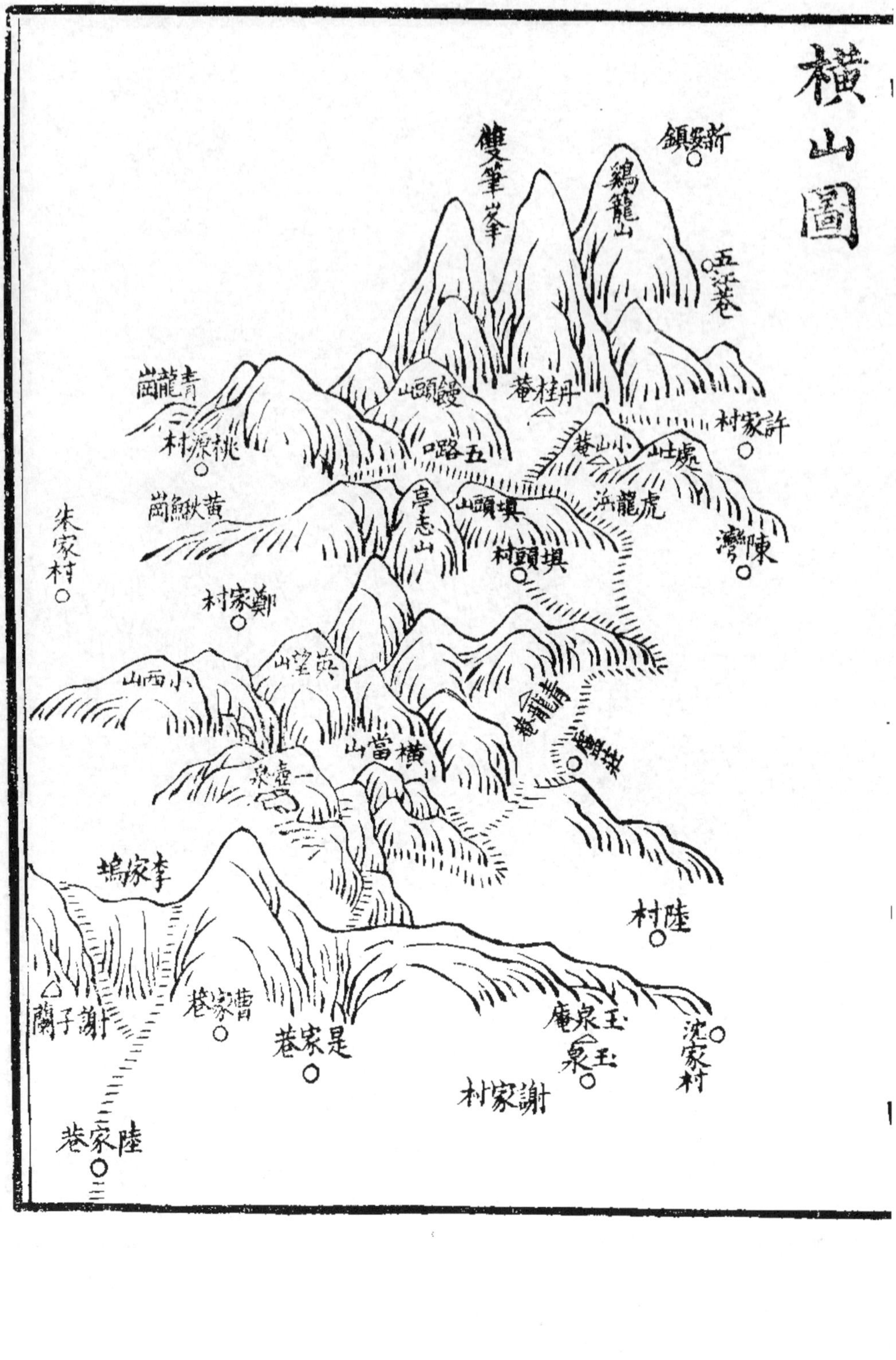
橫山圖
雙筆峯
新安鎮
雞籠山
五涇巷
丹桂菴
許家村
小山菴
青龍崗
桃源村
饅頭山
五路口
虎龍浜
黃鰍崗
壩頭山
亭志山
壩頭村
東陳灣
朱家村
鄭家村
小西山
英望山
青龍菴
橫當山
一壺泉
李家塢
陸村
謝子蘭
曹家巷
是家巷
王泉菴
王泉
沈家村
謝家村
陸家巷

舜山图 / 选自光绪《武进阳湖县志》

舜山圖

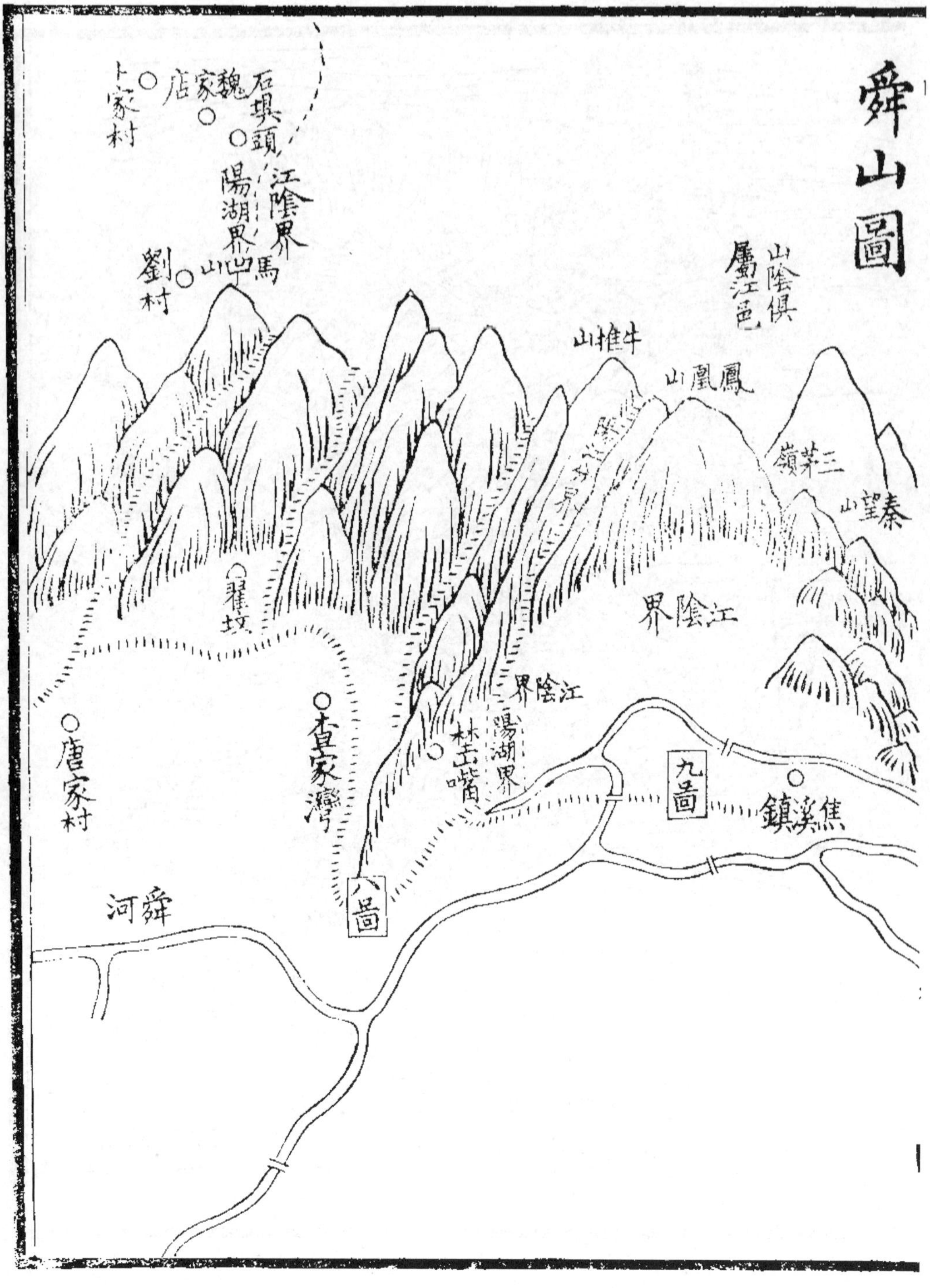
山陰俱
屬江邑
牛推山
鳳凰山
三茅嶺
秦望山
江陰界
江陰界
陽湖界
九啚
焦溪鎮
八啚
舜河
魏家店
石堰頭
江陰界
陽湖界
馬山
劉村
卜家村
唐家村
查家灣
翟坟

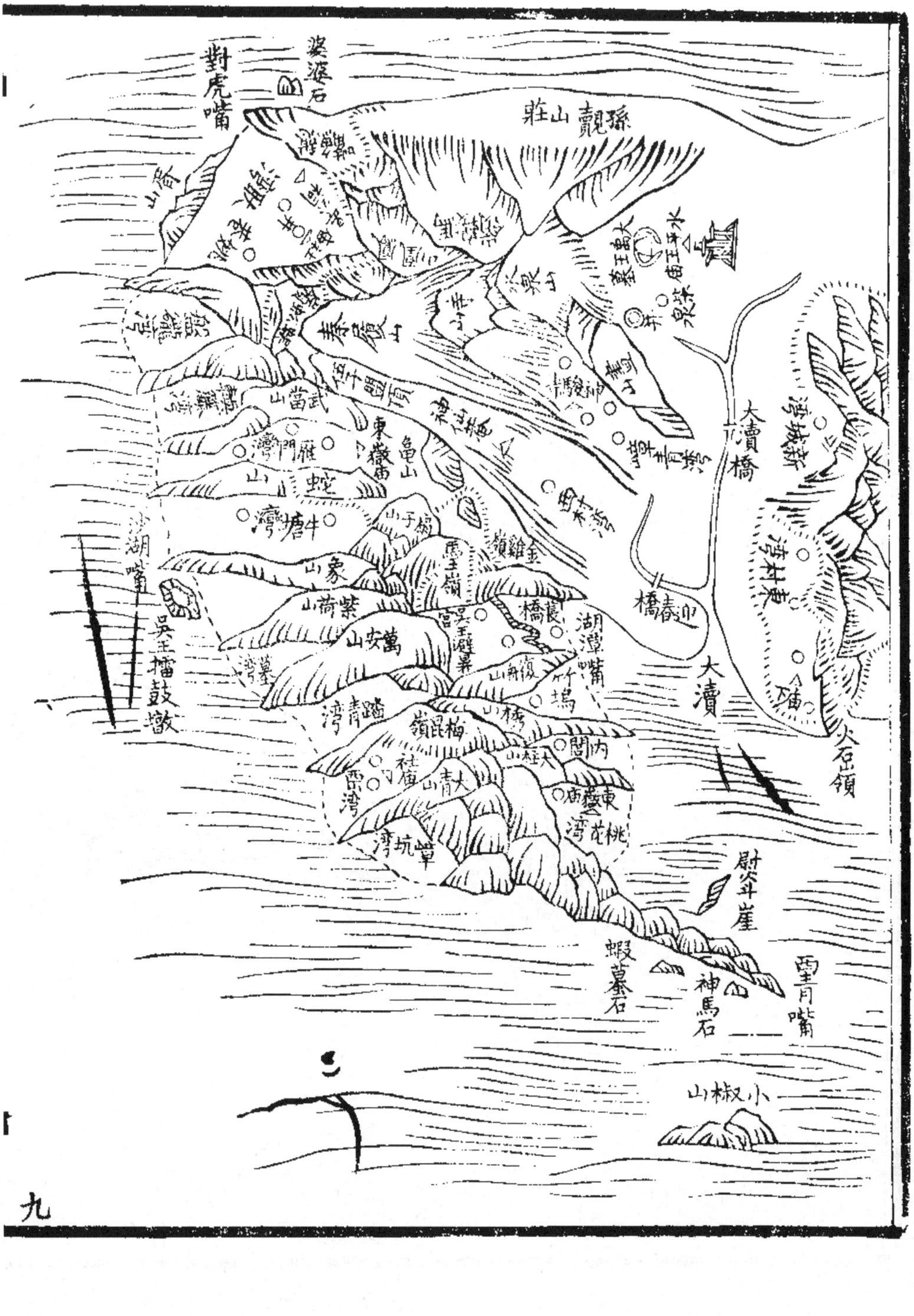

马迹山图 / 选自光绪《武进阳湖县志》

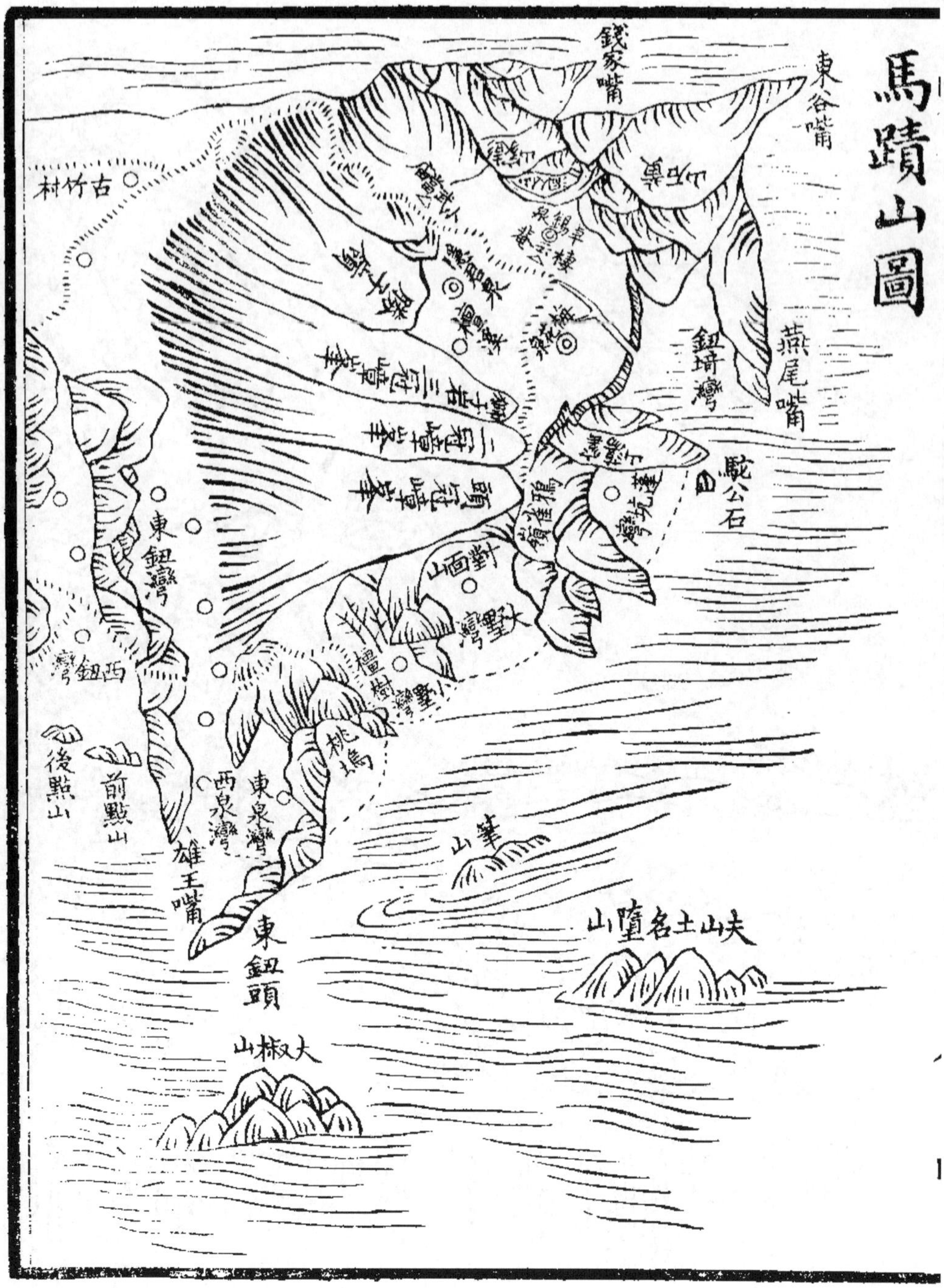
馬蹟山圖
錢家嘴
東谷嘴
燕尾嘴
鈕埼灣
駝公石
古竹村
東鈕灣
西鈕灣
後點山
前點山
雄王嘴
西泉灣
東泉灣
東鈕頭
筆山
夫山土名墮山
大椒山
對面山
大墅灣
檀樹
桃塢

石屋山图 / 选自嘉庆《溧阳县志》

名勝圖
石屋山吴
時鑄劍處
雲山阻深
樹石老壽
歐冶無神
不逢鷄九

投金濑图 / 选自嘉庆《溧阳县志》

长塘湖图 / 选自嘉庆《溧阳县志》

盘白山图 / 选自嘉庆《溧阳县志》

盤白山晉李
盤柏隱處
六朝屯否
邑多遺隱
黃鶴前蹤
蟠仙後遊

平陵图 / 选自嘉庆《溧阳县志》

常州

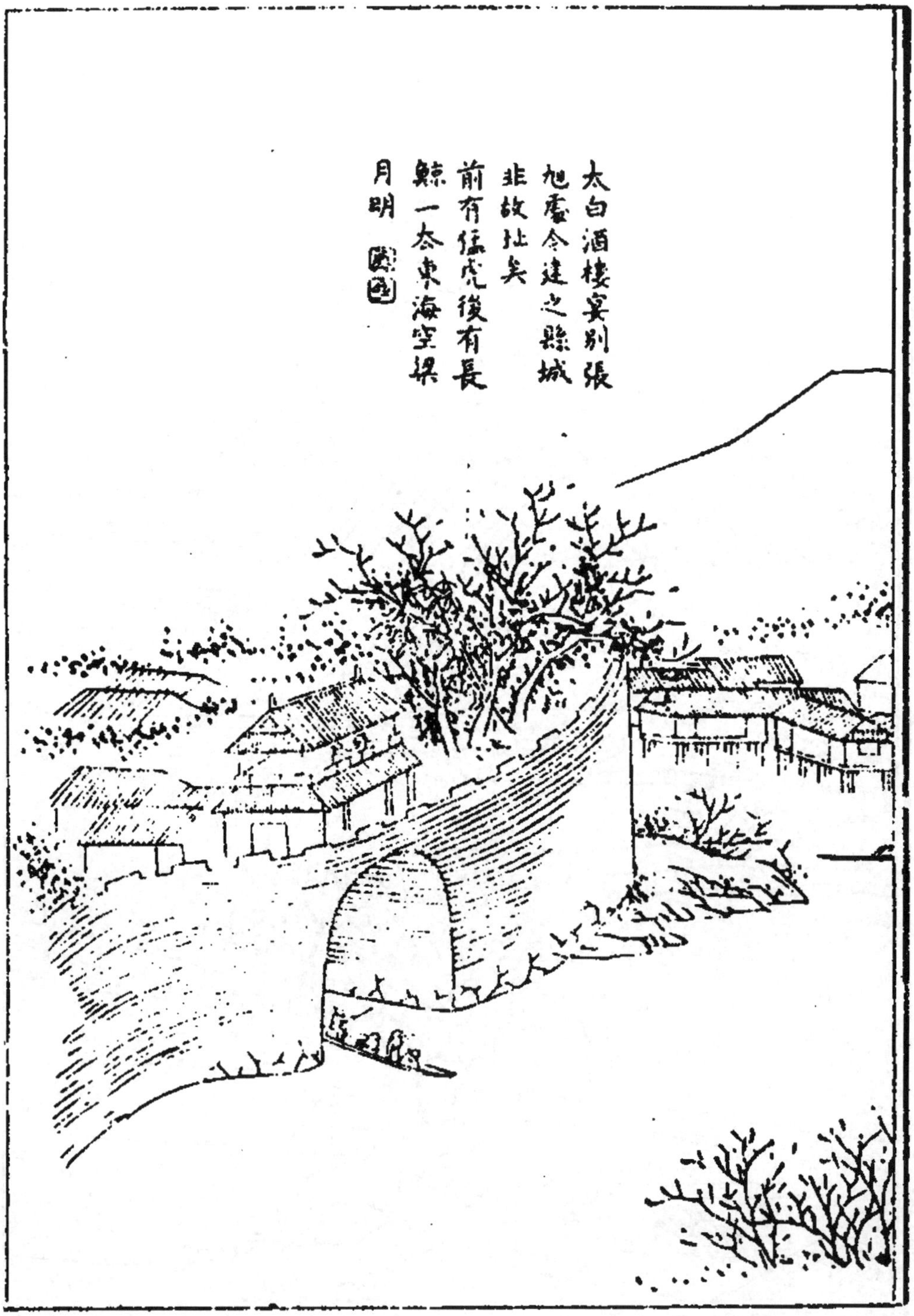

太白酒楼图 / 选自嘉庆《溧阳县志》

常州

北湖亭图 / 选自嘉庆《溧阳县志》

北湖亭太白
遊此有詩
与白遊者
曰孟山人欲
尋鴻爪大江
楊塵

燕山图 / 选自嘉庆《溧阳县志》

燕山在城南
金地藏嘗行
脚至此七月
香烟之盛亞
於九華
架竹寶坊
鐘魚清梵王
子所經化城
斯占

三塔漭图 / 选自嘉庆《溧阳县志》

亙山图/ 选自嘉庆《溧阳县志》

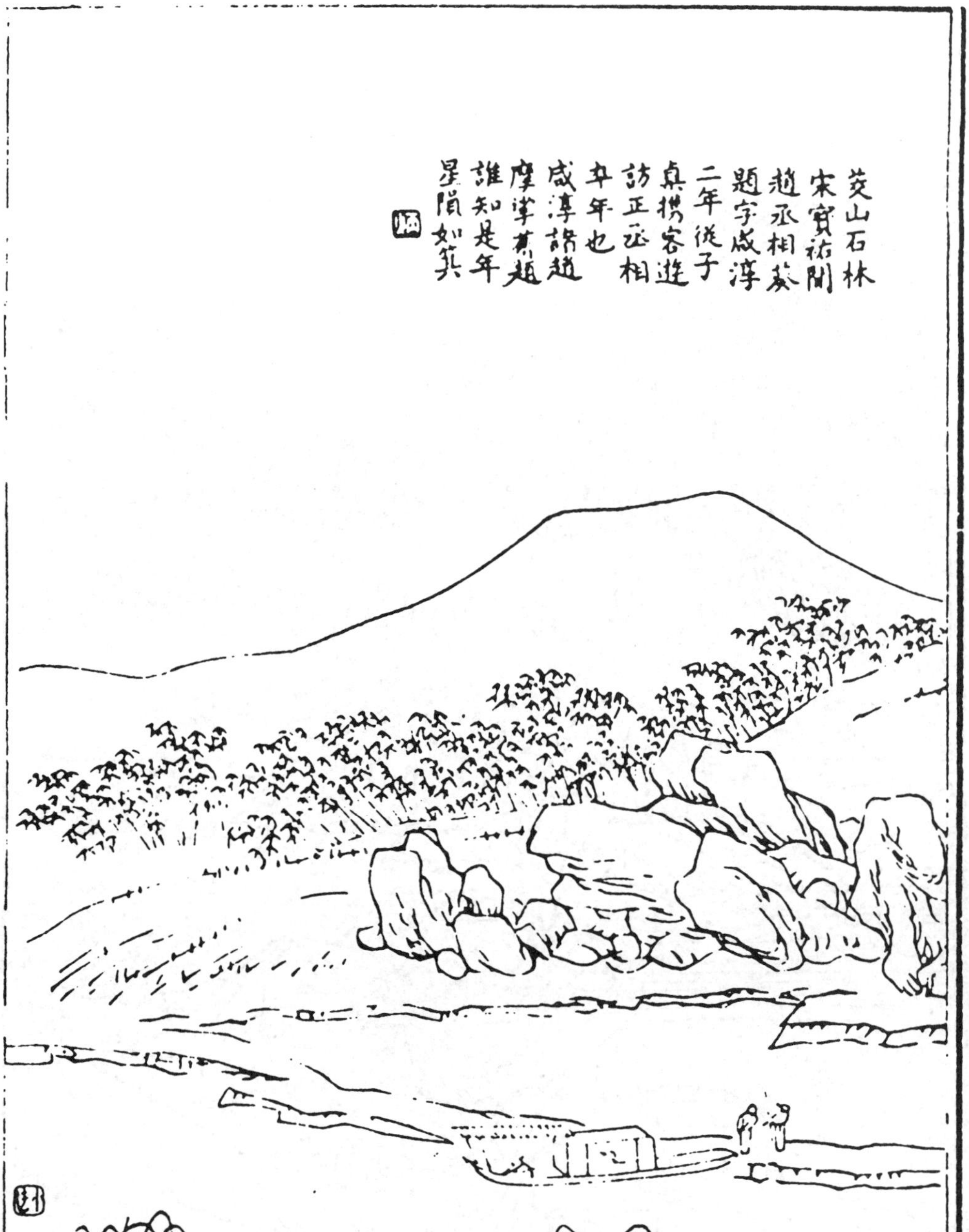

茭山石林图 / 选自嘉庆《溧阳县志》

常州

文昌阁图 / 选自嘉庆《溧阳县志》

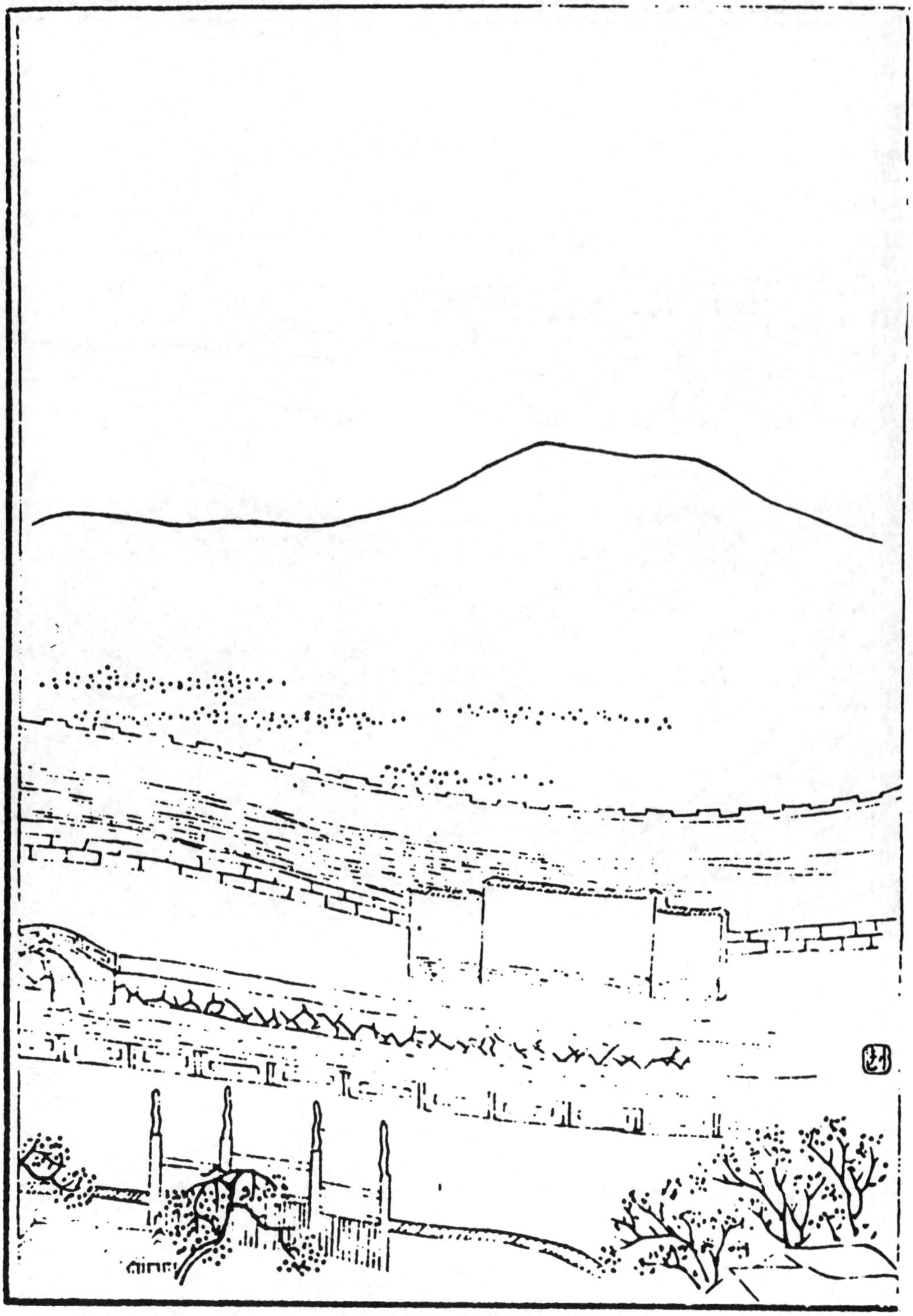

茅山图 / 选自民国《茅山志辑要》

常州

茅山图 / 选自民国《茅山志辑要》

大茅峰

茅山图 / 选自民国《茅山志辑要》

元符宫

茅山图 / 选自民国《茅山志辑要》

三茅峰

茅山图 / 选自民国《茅山志辑要》

乾元觀
五

茅山图 / 选自民国《茅山志辑要》

降真橋
六

无锡

贰泉图 / 选自乾隆《无锡县志》

弍泉圖

万寿亭图 / 选自乾隆《无锡县志》

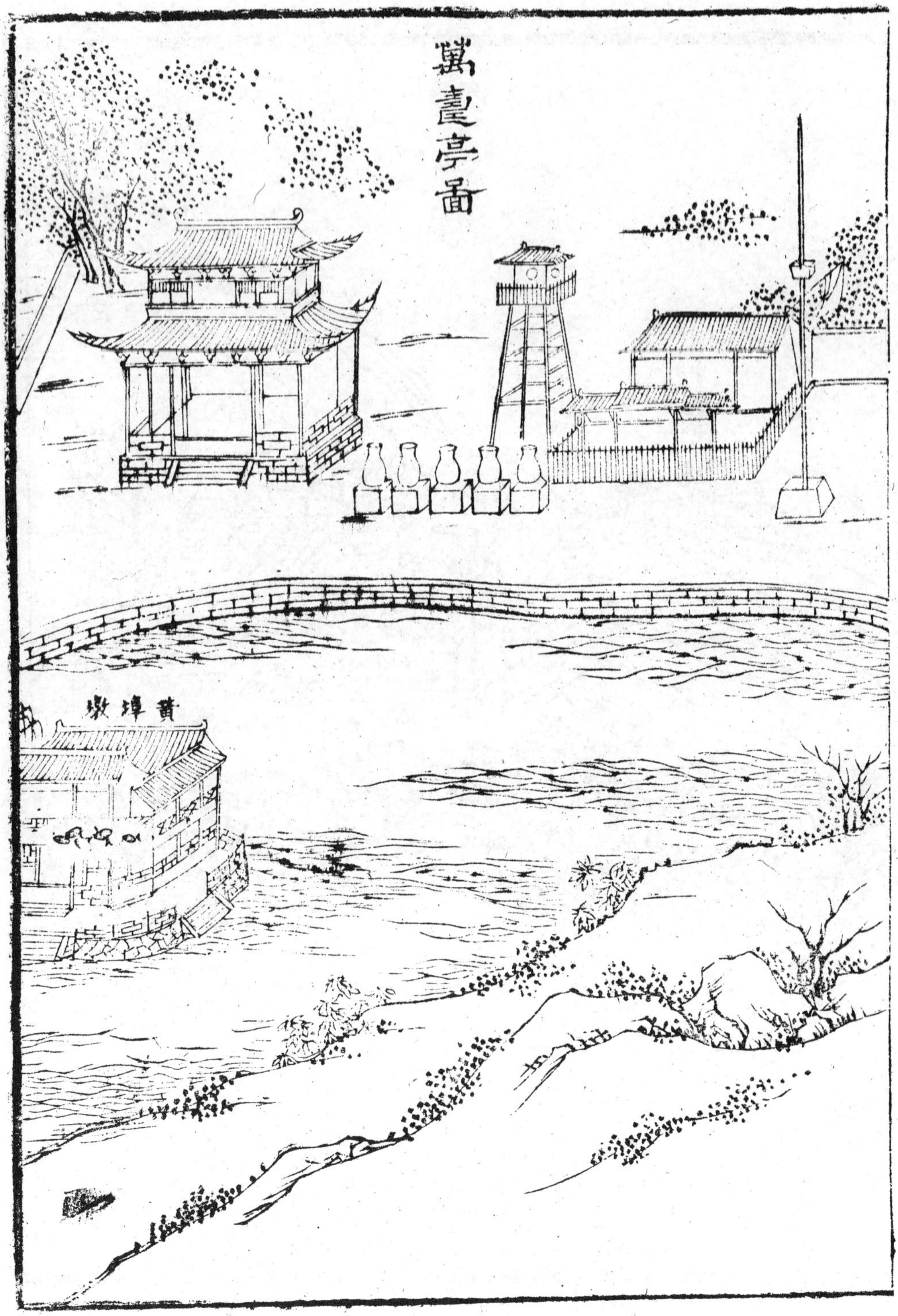
萬壽亭圖
黃埠墩

惠山图 / 选自道光《无锡金匮续志》

君山图 / 选自乾隆《江阴县志》

君山圖
曹沂画

黄山图 / 选自乾隆《江阴县志》

长山图 / 选自乾隆《江阴县志》

香山图 / 选自乾隆《江阴县志》

无锡

砂山图 / 选自乾隆《江阴县志》

顾山图 / 选自乾隆《江阴县志》

无锡

定山图 / 选自乾隆《江阴县志》

无锡

敌山图 / 选自乾隆《江阴县志》

无锡

绮山图 / 选自乾隆《江阴县志》

綺山圖

眦山图 / 选自乾隆《江阴县志》

昆山圖

花山图 / 选自乾隆《江阴县志》

花山圖

秦望山图/ 选自乾隆《江阴县志》

无锡

铜官山图 / 选自光绪《宜兴荆溪县新志》

鉛官山

玉女潭图 / 选自光绪《宜兴荆溪县新志》

玉女潭

善卷山图 / 选自光绪《宜兴荆溪县新志》

善卷山
碧鮮巖
龍

张公洞图 / 选自光绪《宜兴荆溪县新志》

張公洞

洴练浦图 / 选自光绪《宜兴荆溪县新志》

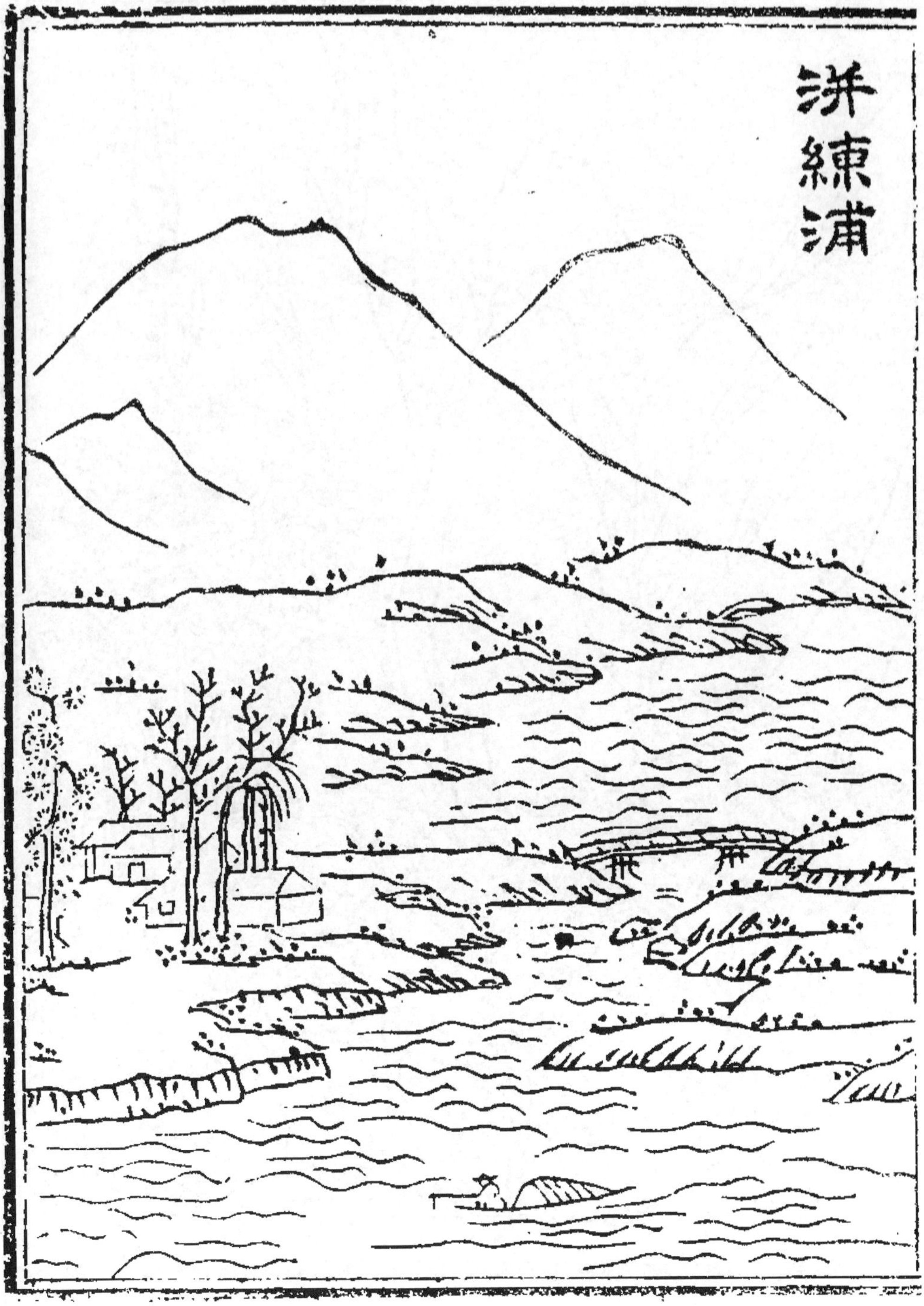
洴練浦

卓锡泉图 / 选自光绪《宜兴荆溪县新志》

卓錫泉

龙池图 / 选自光绪《宜兴荆溪县新志》

龍池

蛟桥图 / 选自光绪《宜兴荆溪县新志》

蛟橋

画溪图 / 选自光绪《宜兴荆溪县新志》

畫溪

浮山图 / 选自光绪《宜兴荆溪县新志》

浮山

离墨山图 / 选自光绪《宜兴荆溪县新志》

離墨山
封禪碑
自立石

洮湖图 / 选自光绪《宜兴荆溪县新志》

洮湖

滆湖图 / 选自光绪《宜兴荆溪县新志》

滆湖

太湖图 / 选自光绪《宜兴荆溪县新志》

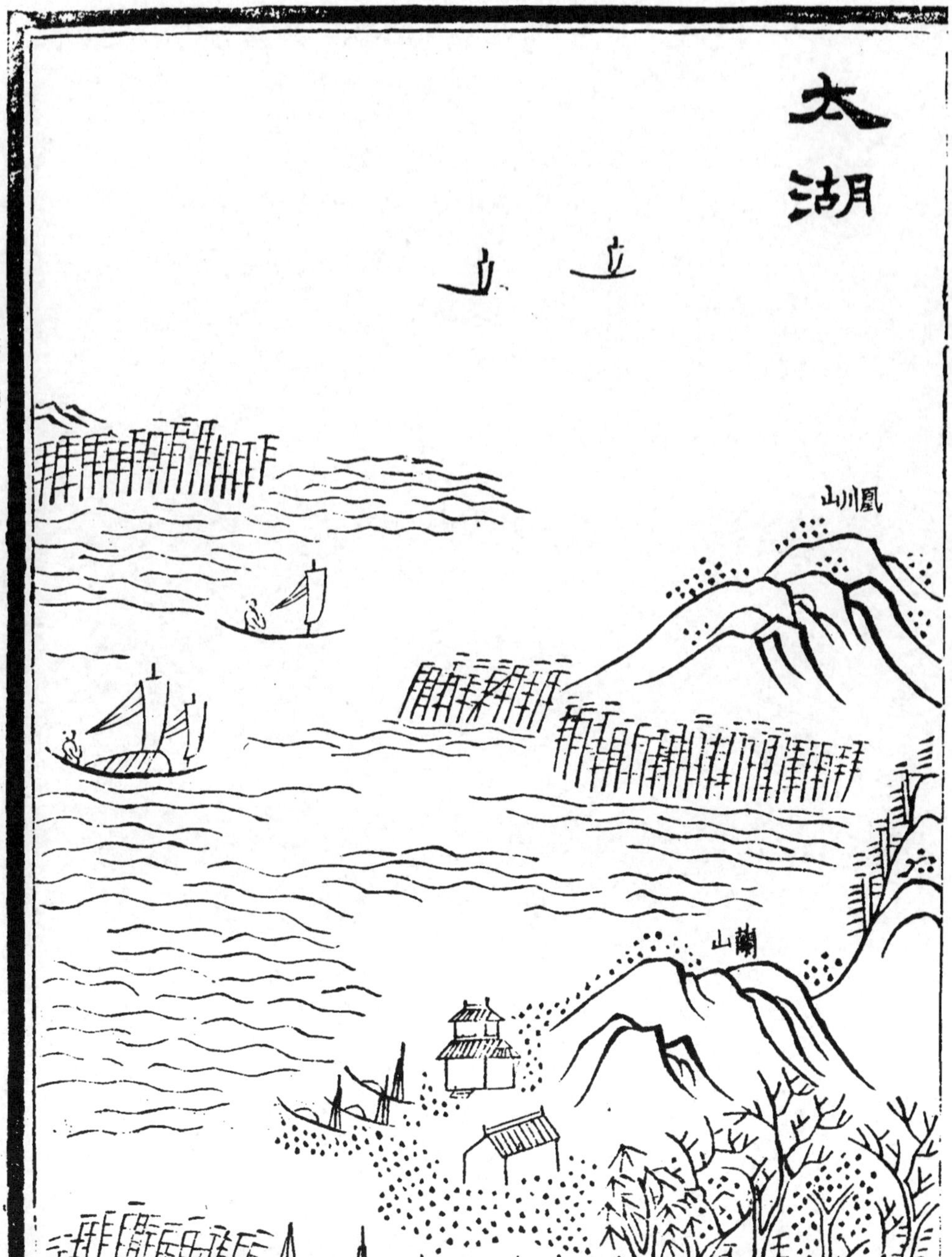
太湖
凰川山
蘭山

苏州

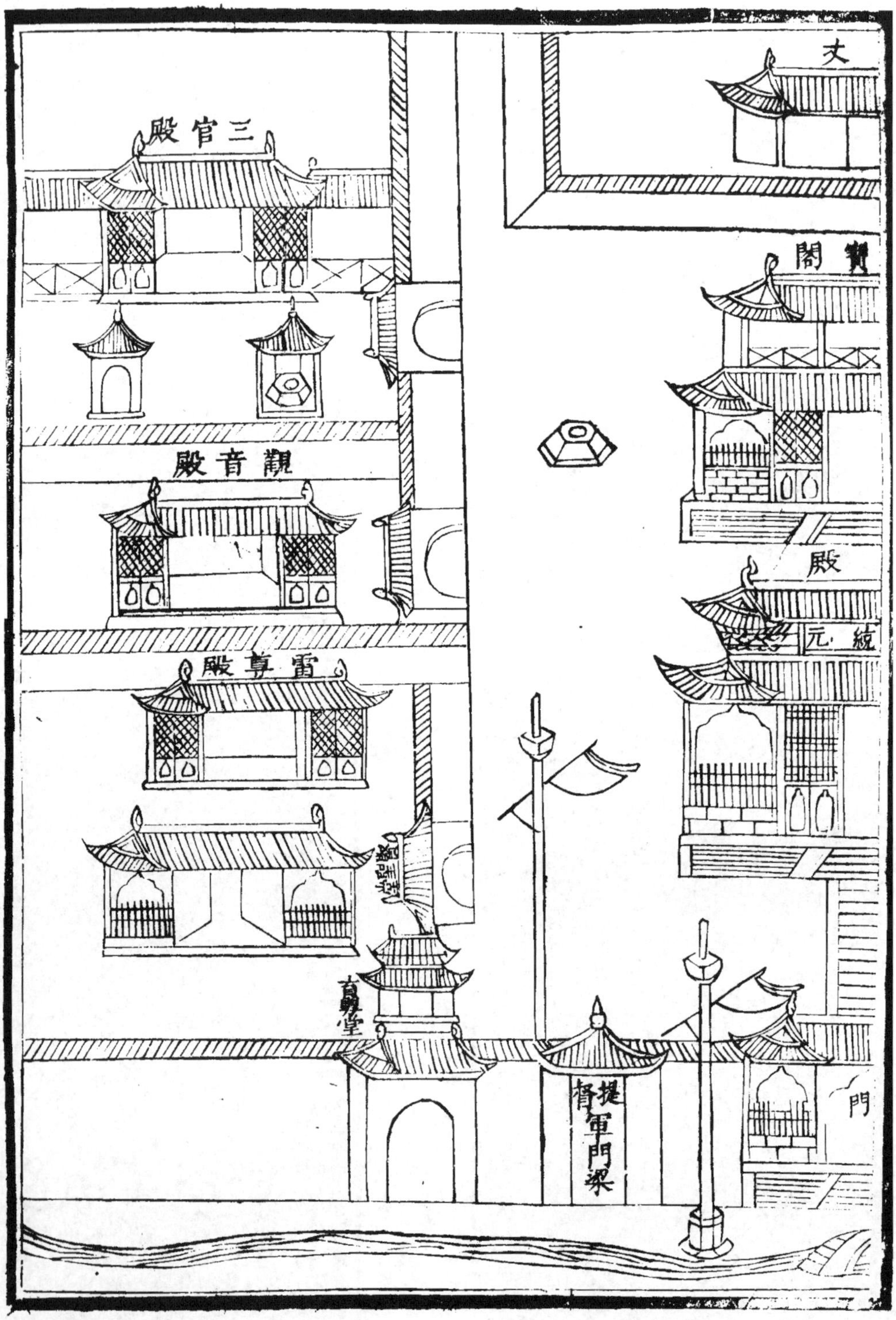

玄妙观图 / 选自康熙《长洲县志》

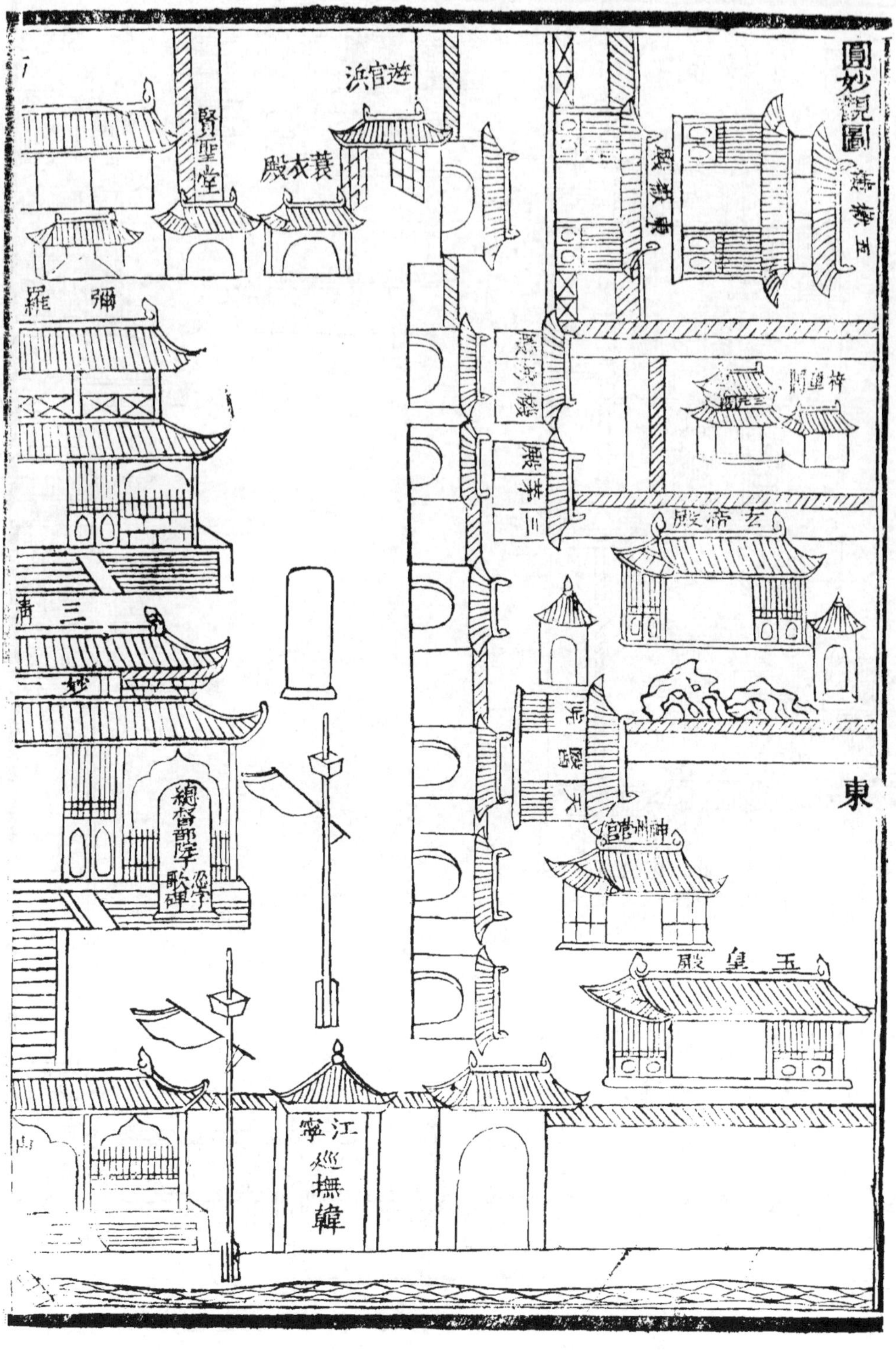
圓妙觀圖
東
玉皇殿
玄帝殿
聖賢堂
彌羅
三清

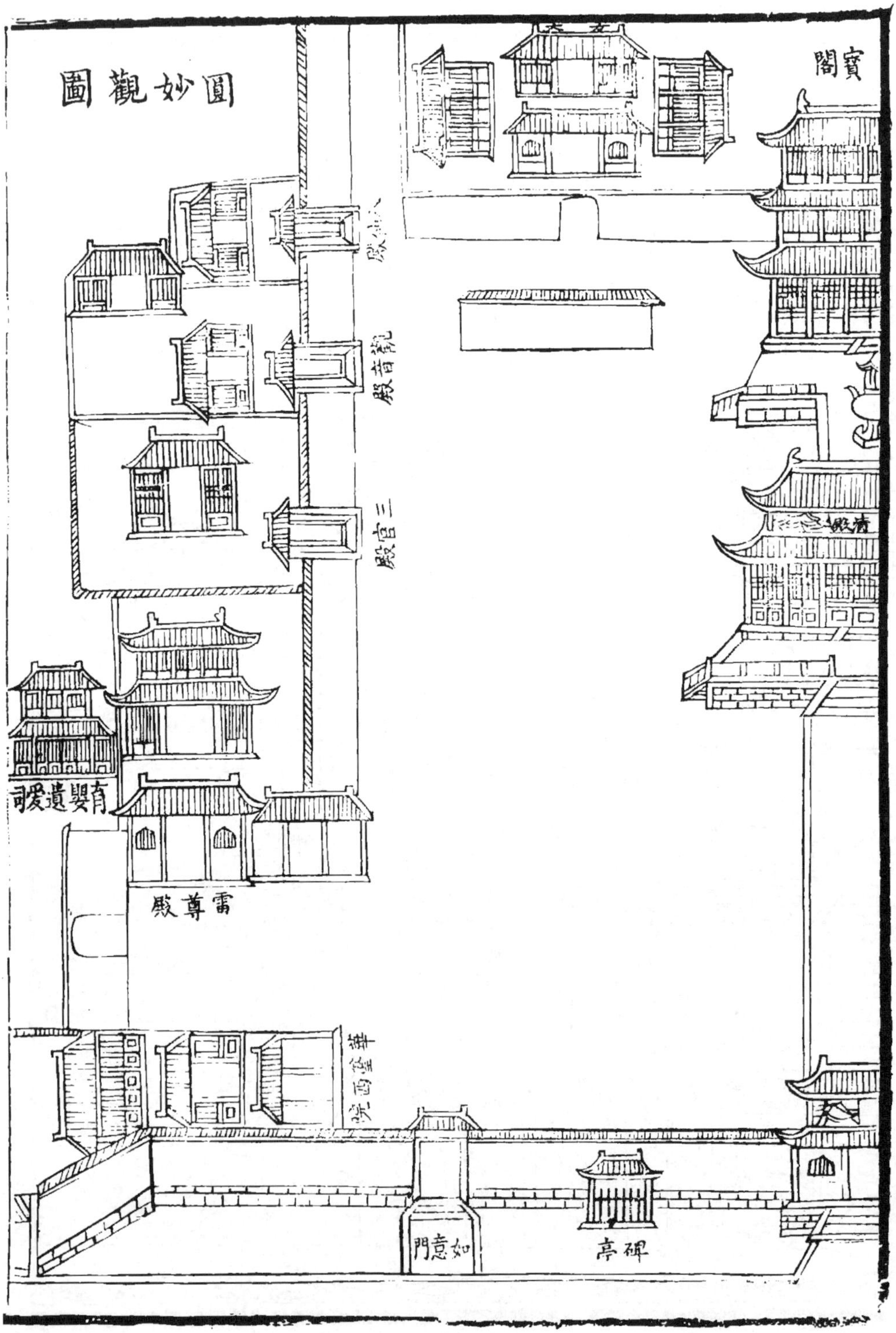

玄妙观图 / 选自乾隆《长洲县志》

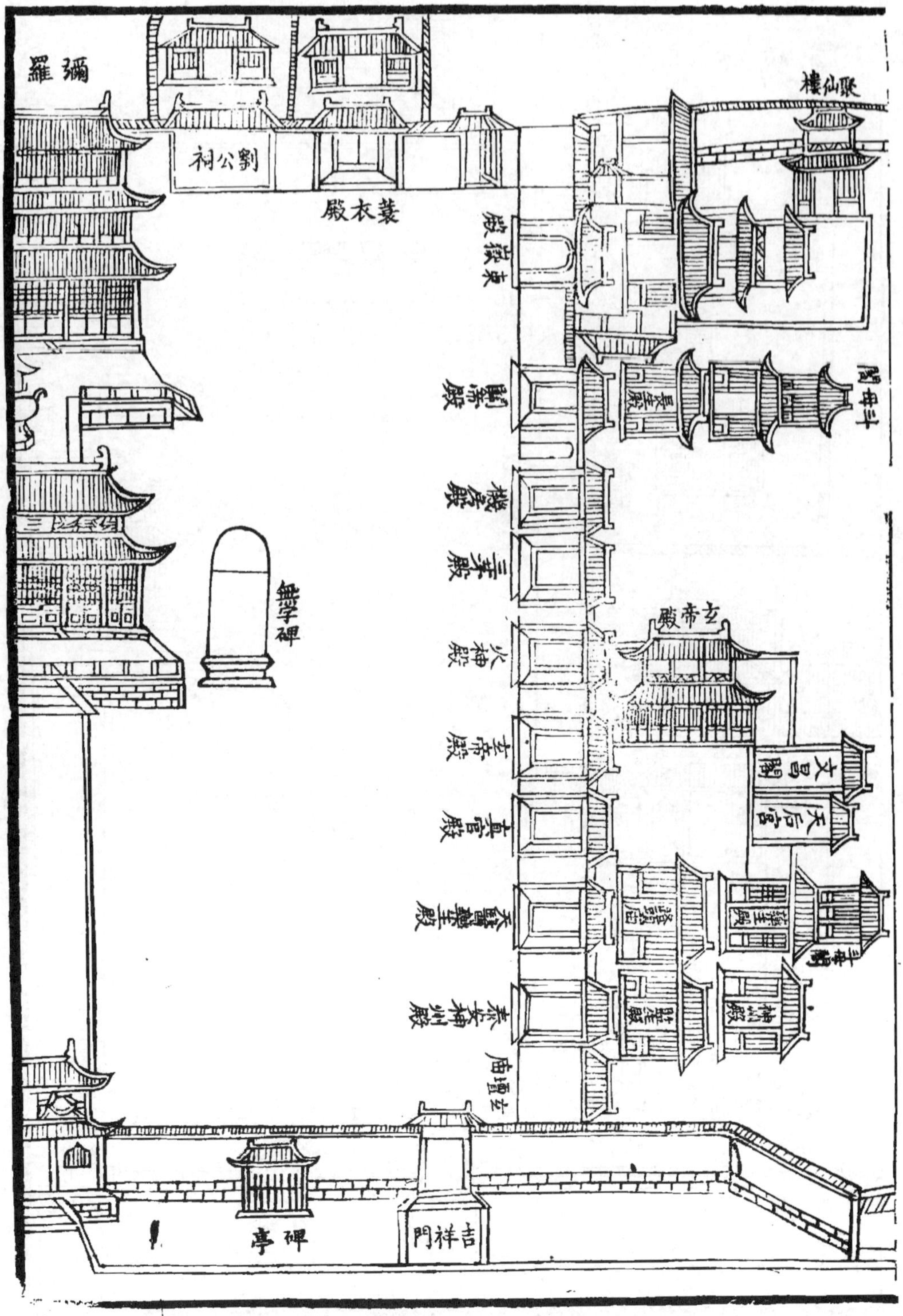
彌羅
劉公祠
蓑衣殿
聚仙樓
東嶽殿
斗母閣
三茅殿
火神殿
玄帝殿
文昌閣
天后宮
玄壇廟
碑亭
吉祥門

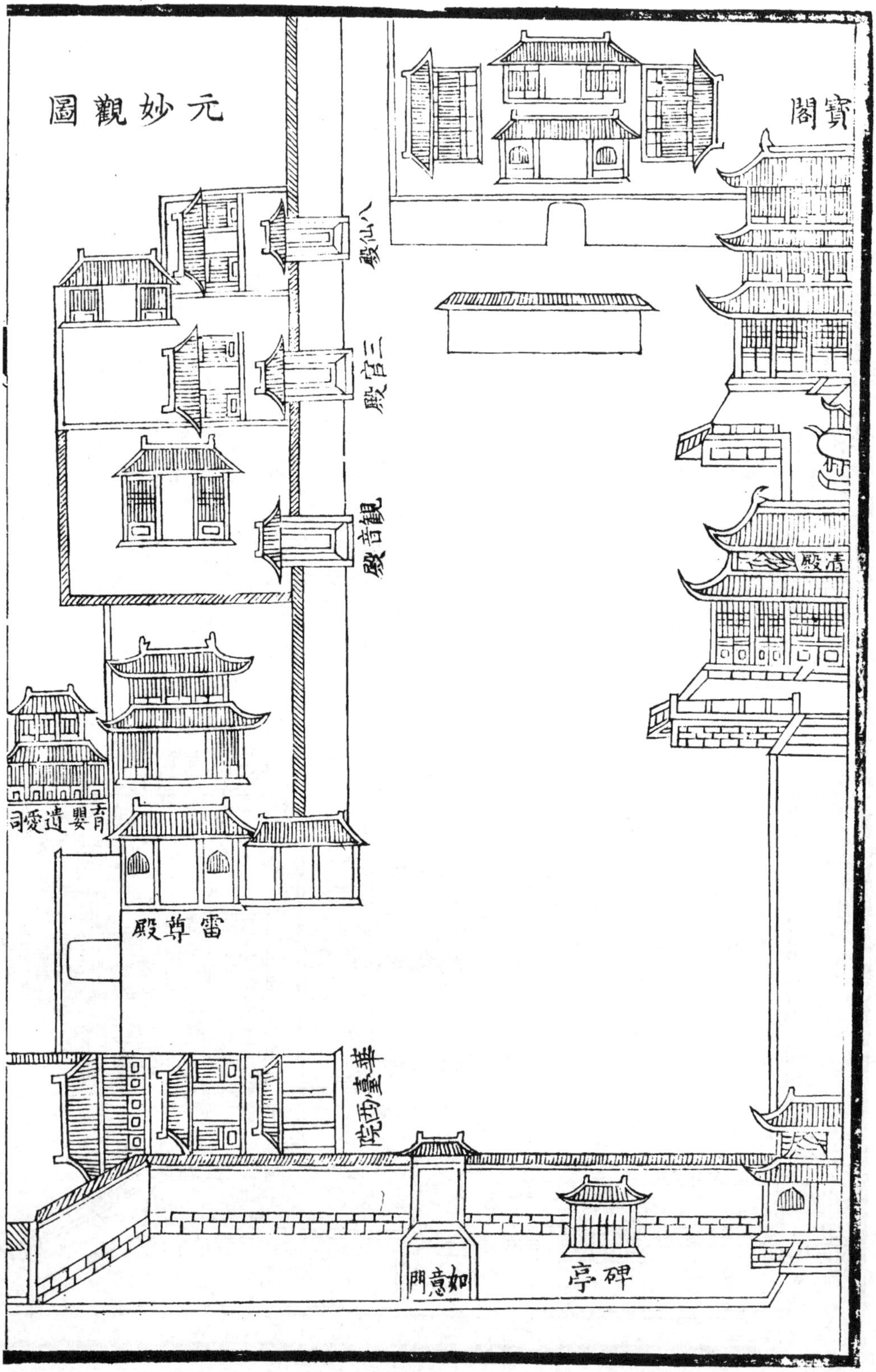

玄妙观图 / 选自《元妙观志》

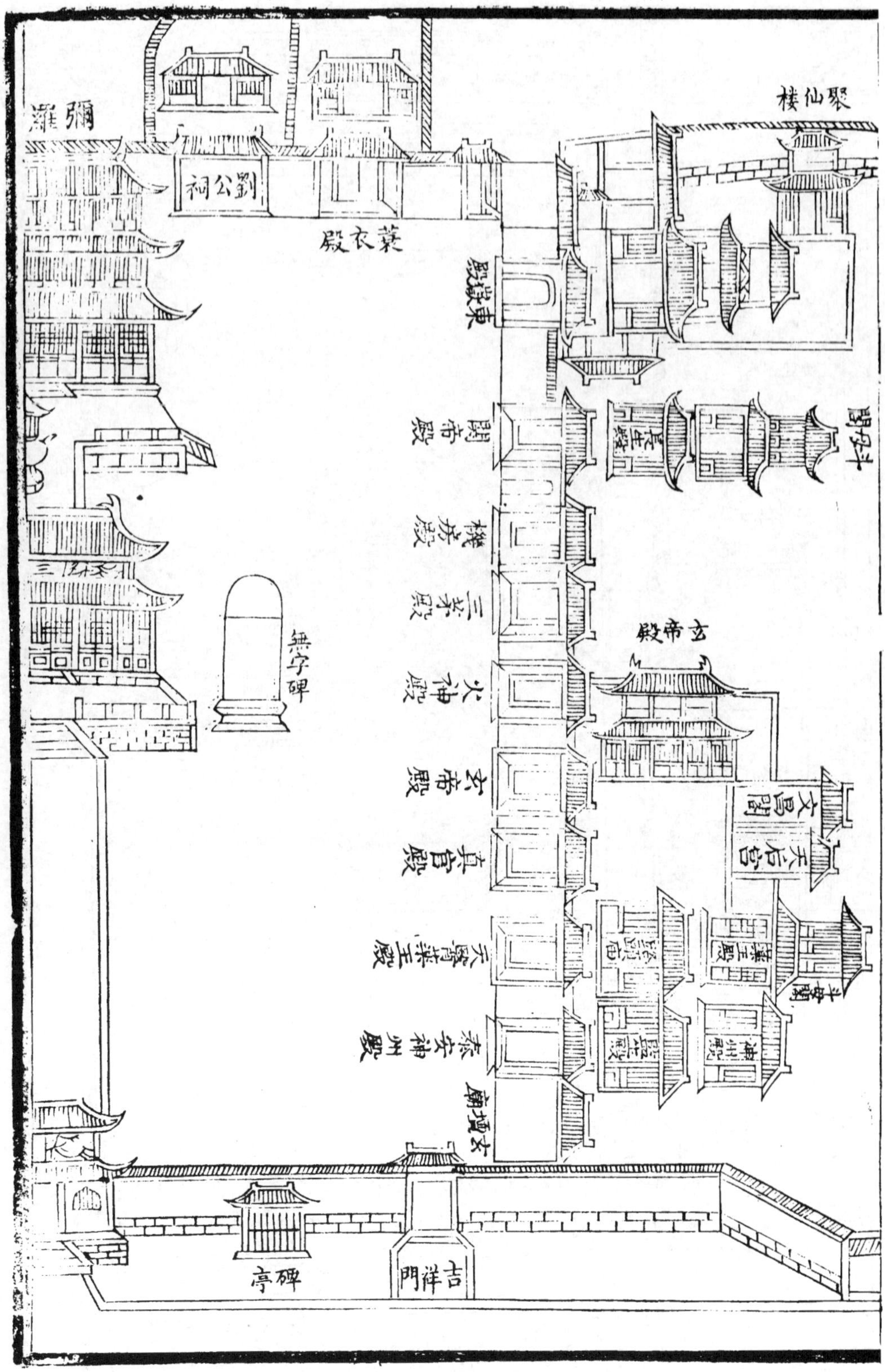
聚仙楼
劉公祠
東嶽殿
關帝殿
三茅殿
火神殿
玄帝殿
真官殿
玄帝殿
文昌閣
天后宫
無字碑
碑亭
吉祥門

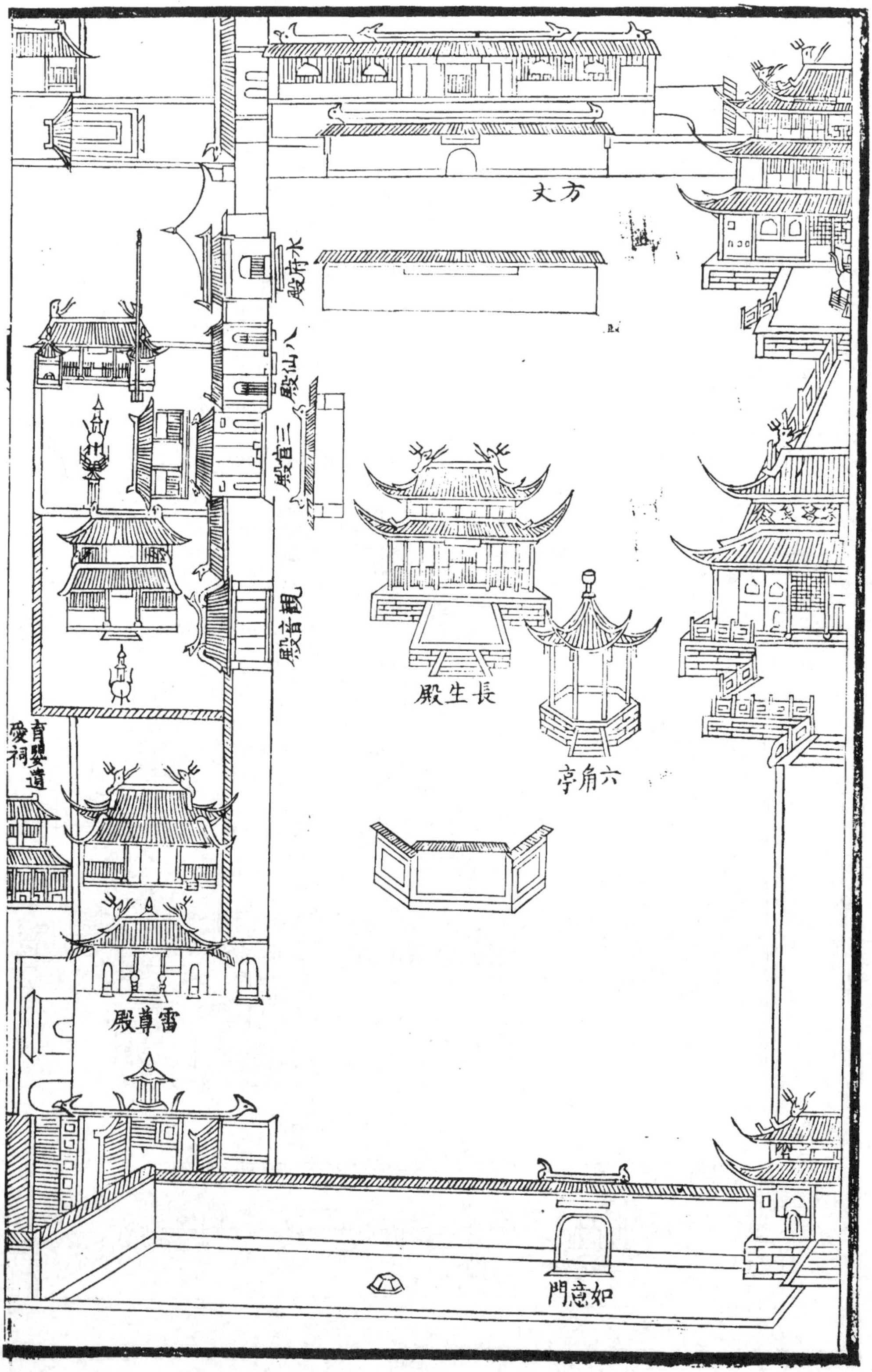

玄妙观图 / 选自《元妙观志》

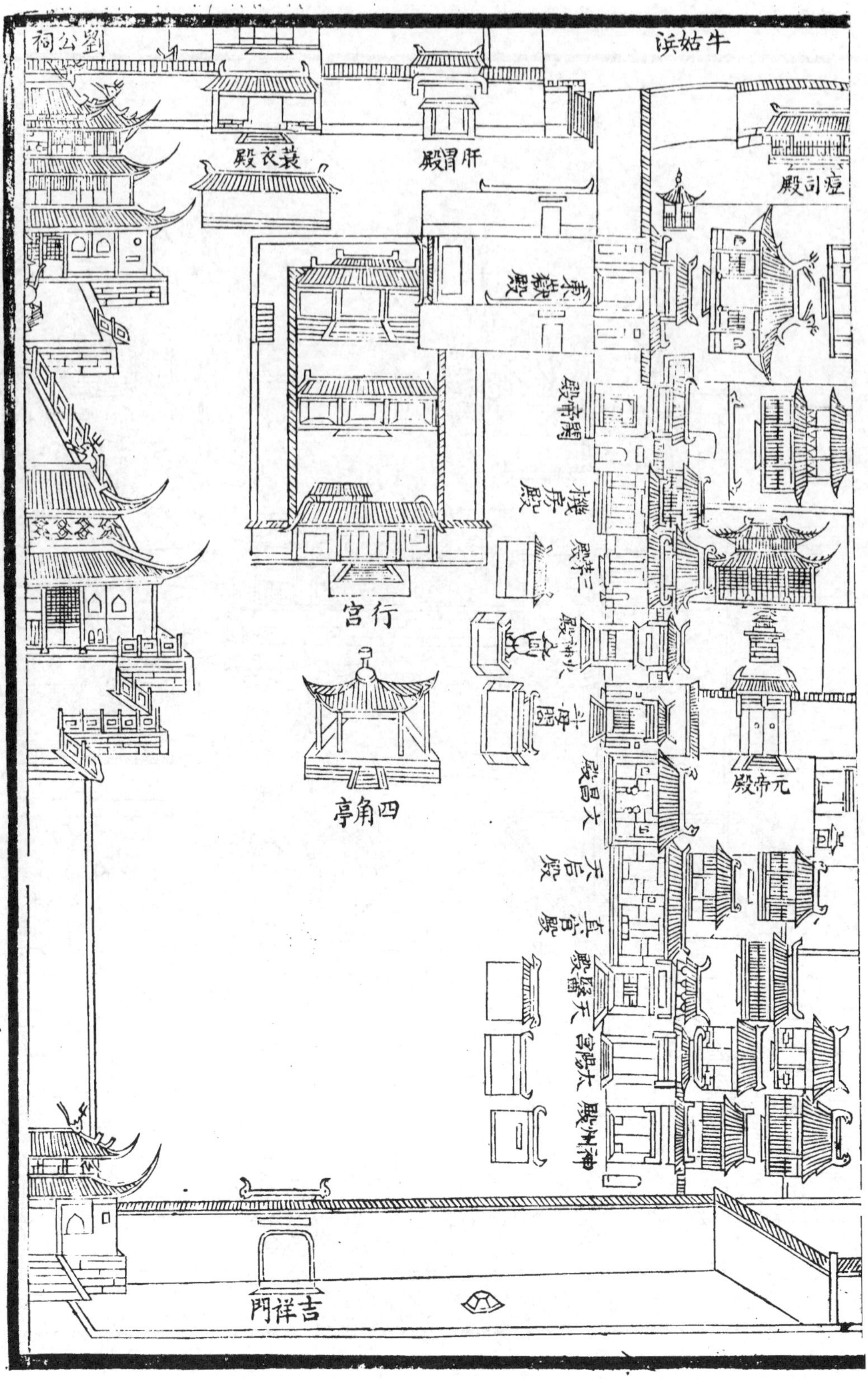
劉公祠
牛姑浜
裝衣殿
肝胃殿
痘司殿
東嶽殿
關帝殿
機房殿
三茅殿
火神殿
斗姆閣
行宮
四角亭
元帝殿
文昌殿
天后殿
真官殿
天醫殿
太陽宮
神州殿
吉祥門

沧浪亭图 / 选自乾隆《长洲县志》

滄浪亭圖
鐘樓
南禪寺
民房

沧浪亭图 / 选自民国《沧浪新志》

狮子林图 / 选自道光《苏州府志》

獅子林圖
御詩樓
座落

虎丘山图 / 选自康熙《长洲县志》

虎丘山圖
小武當
十八折
五賢祠
大雄寶殿
祖師殿
廊
天王殿
二天門
頭天門
千人石
可中亭
五十三參
樂康亭
試劍石
二山門
五人之墓
半塘橋

虎丘山图 / 选自道光《苏州府志》

虎邱山圖
望蘇亭
雙井橋
可中亭
生公石
合景閣
斟酌橋

虎丘山塘图 / 选自《虎阜志》

虎丘山塘图 / 选自《虎阜志》

西山廟
西山

虎丘山塘图 / 选自《虎阜志》

花神廟
新泉山廟
虎阜禪寺
雙泉

虎丘山塘图 / 选自《虎阜志》

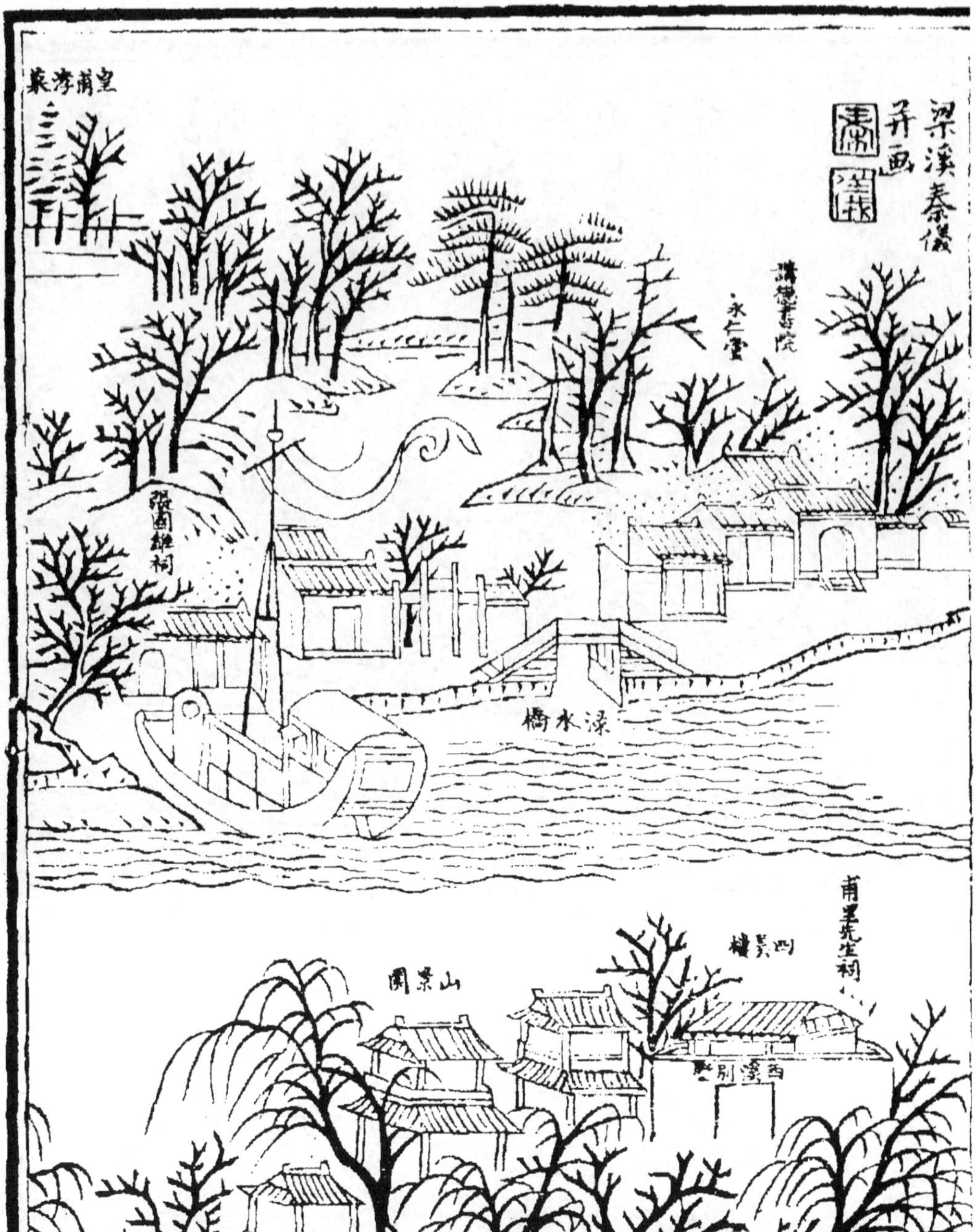
梁溪秦儀
并画
渌水橋
山景園
西溪別墅
甫里先生祠

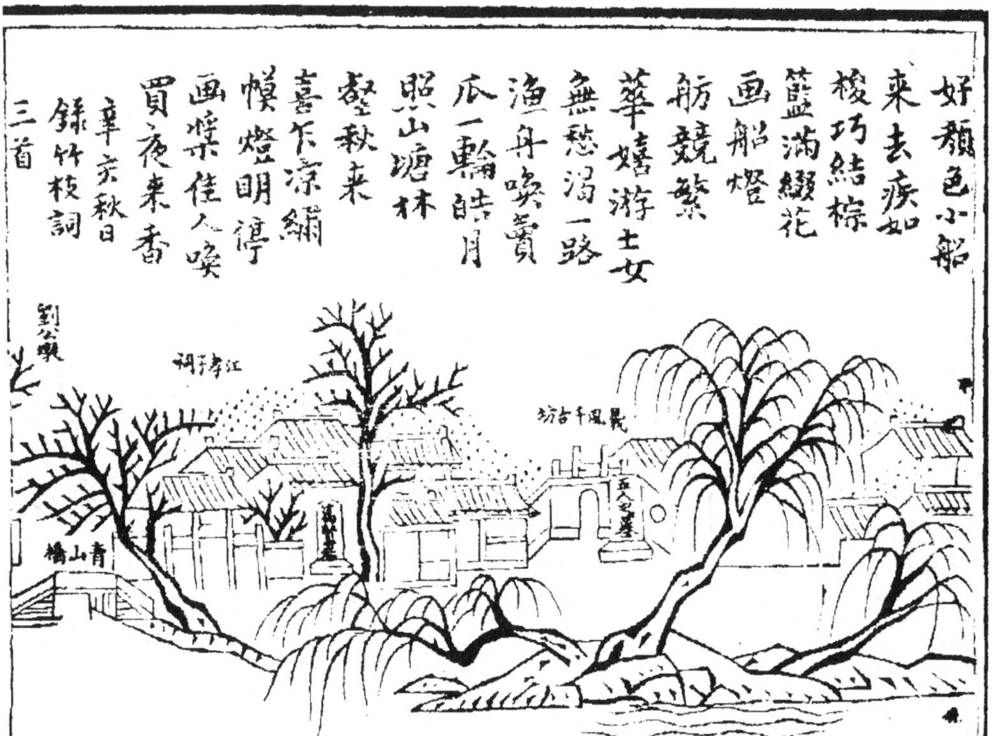
好顏色小船
來去疾如
梭巧結棕
籃滿綴花
画船燈
舫競繁
華嬉游士女
無愁滔一路
漁舟喚賣
瓜一輪皓月
照山塘林
壑秋來
喜乍涼綃
幔燈明亭
画槳佳人喚
買夜來香
辛亥秋日
錄竹枝詞
三首
江孝子祠
青山橋
普濟堂

虎丘山塘图 / 选自《虎阜志》

夕陽堤畔
遍笙歌燈
影衣香七里
多見女争誇
李侍郎祠
周文襄祠

虎丘山塘图 / 选自《虎阜志》

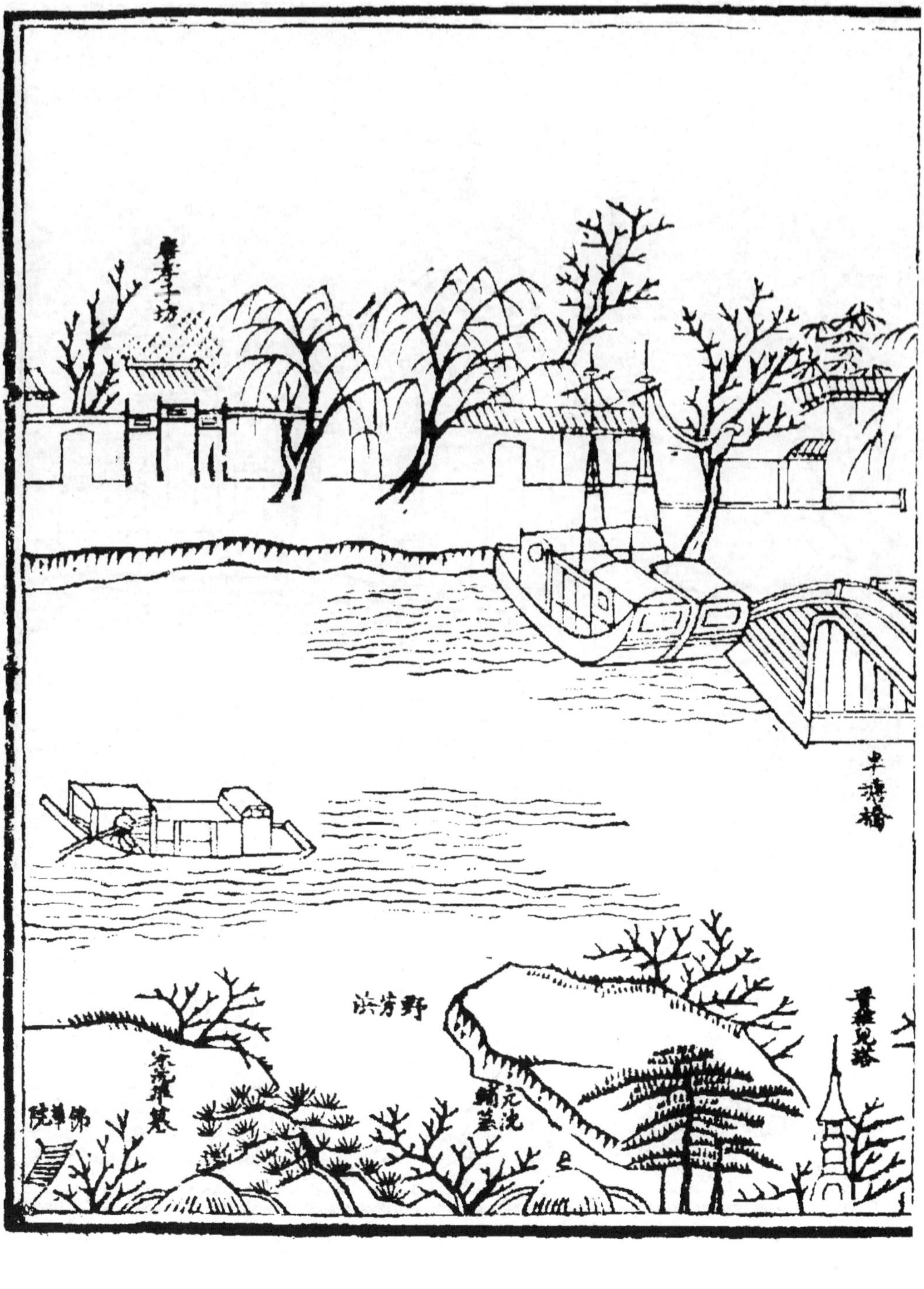
野芳浜

虎丘山塘图 / 选自《虎阜志》

東齊會館
全秦會館
毛家橋
桐橋
蓮花兜

虎丘山塘图 / 选自《虎阜志》

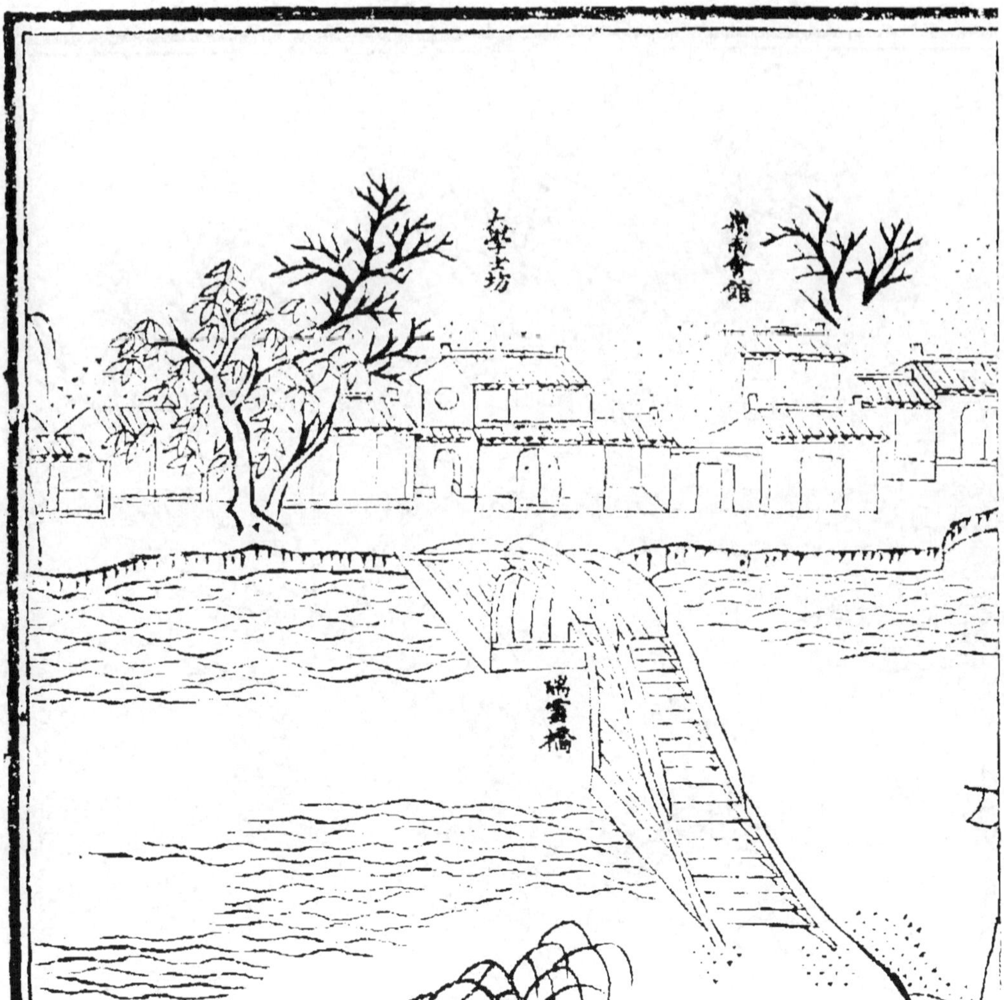
大學士坊

虎丘山塘图 / 选自《虎阜志》

運河
虹橋

虎丘前山图 / 选自《虎阜志》

小吳軒
養鶴澗

虎丘后山图 / 选自《虎阜志》

致爽閣
海湧峯
陸羽樓
小武當
中和橋
二天門

万岁楼图 / 选自《虎阜志》

悟石軒

含晖山馆行宫图 / 选自《虎阜志》

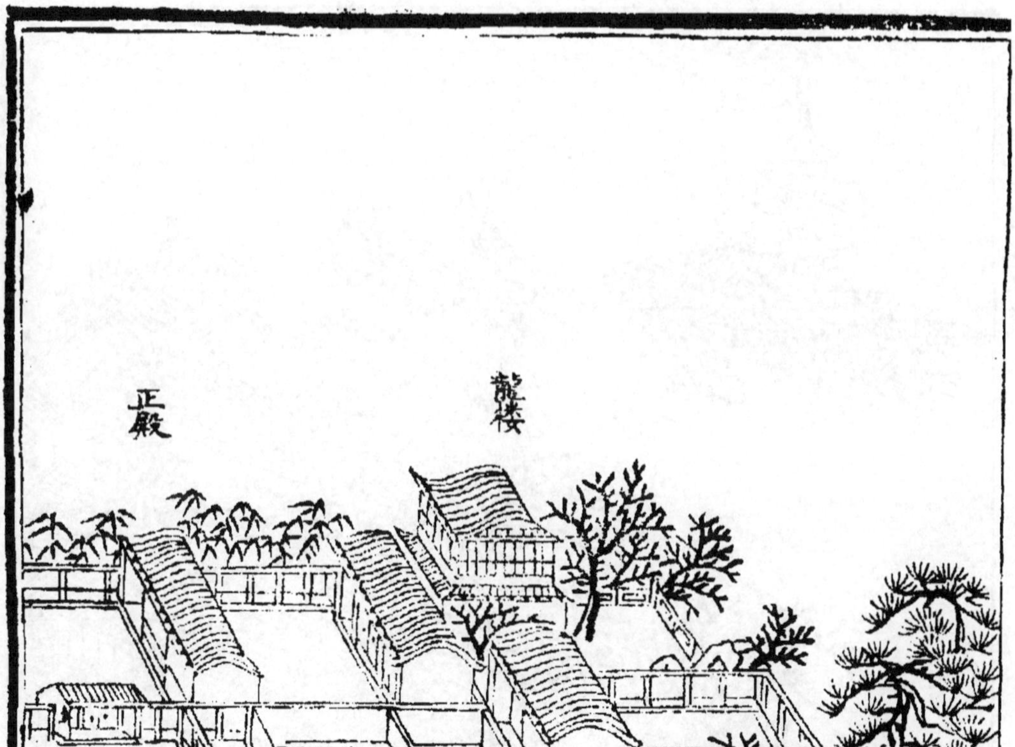
正殿
龍楼

花神庙图 / 选自《虎阜志》

四美楼图 / 选自《虎阜志》

迎恩橋

天平山图 / 选自民国《木渎小志》

天平山圖

灵岩山图 / 选自道光《苏州府志》

靈巖山圖
西施洞
壽星石

灵岩山图 / 选自民国《木渎小志》

靈巖山圖

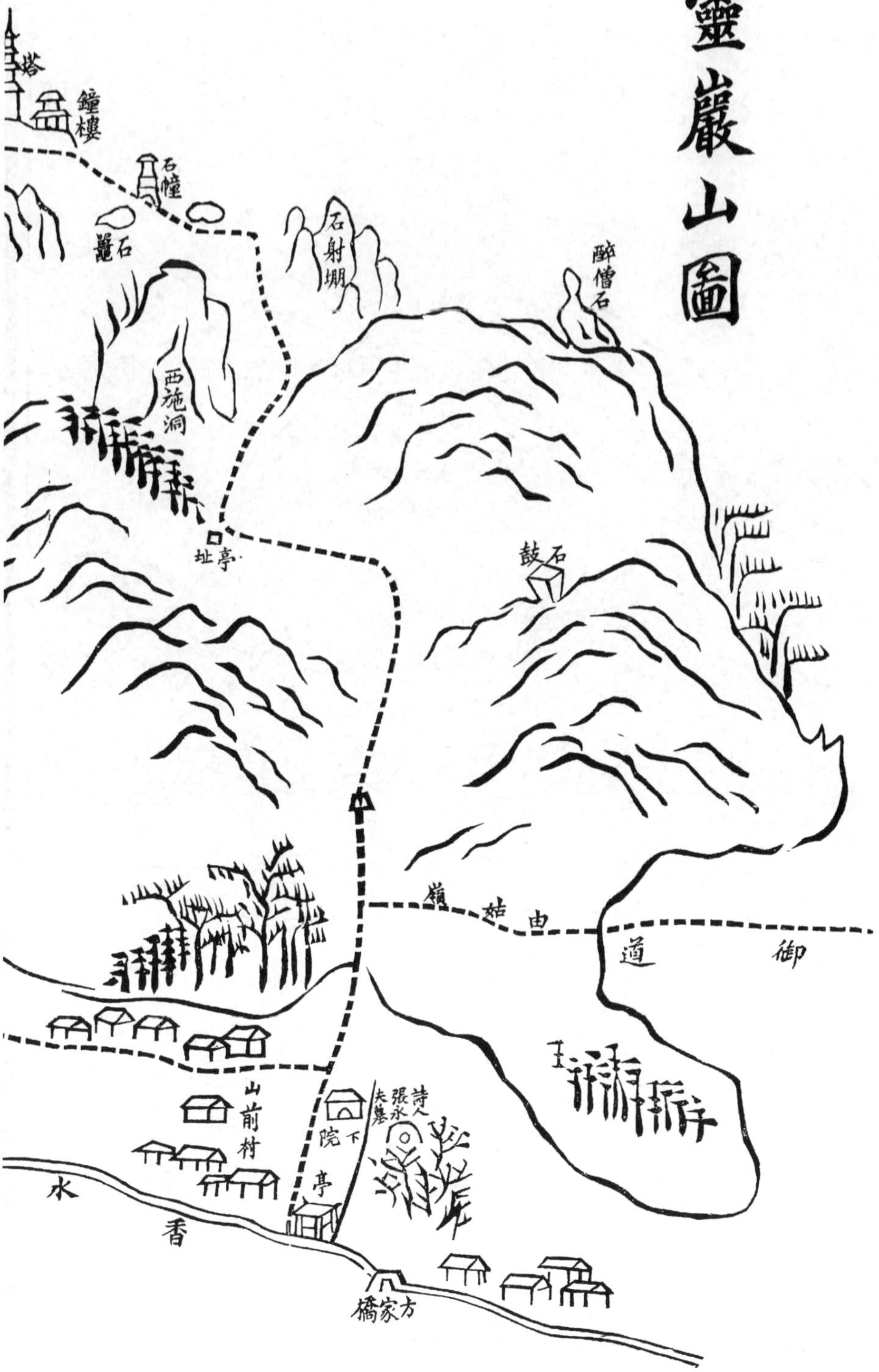

香雪海图/选自道光《苏州府志》

香雪海圖
鄧尉山
妙高峯
柴庄嶺
呂浦橋

邓尉山寺形胜图 / 选自崇祯《邓尉山圣恩禅寺志》

寺形勝圖
獅子窠
巧石
米堆山
施家浜

邓尉山登山入寺津路图 / 选自崇祯《邓尉山圣恩禅寺志》

登山津路圖
聖恩寺
青芝
長圻
銅井
市墟

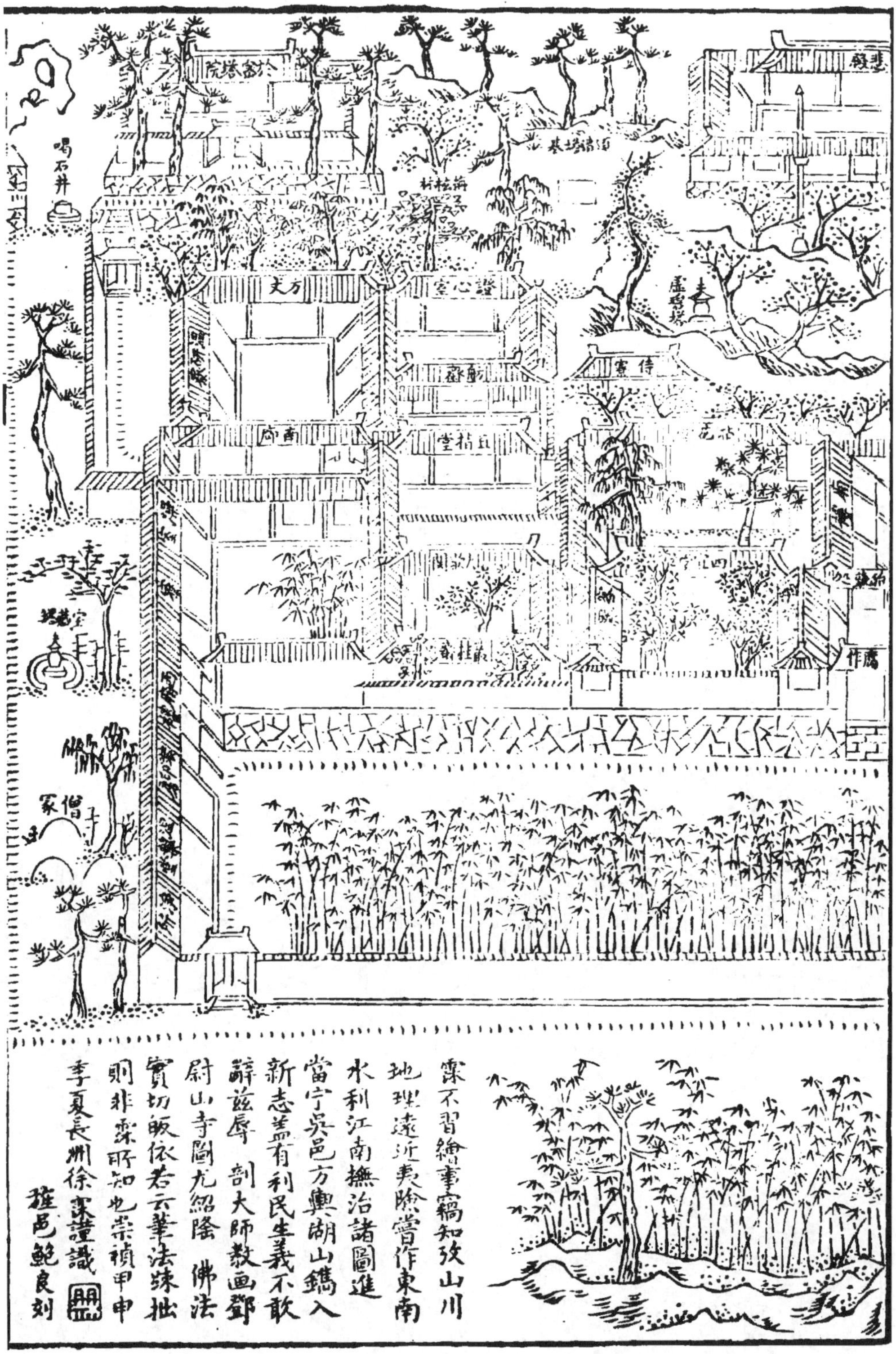

圣恩禅寺殿堂楼阁全图 / 选自崇祯《邓尉山圣恩禅寺志》

寺圖
巧石
御碑亭
舊方丈基
法堂
梵天閣
香積廚
白衣閣
毘盧閣
大雄寶殿
天王殿
金剛殿
鐘樓

阳山图 / 选自乾隆《长洲县志》

陽山圖
鳳凰山
徐侯山
吳丁墓
大石
金枝嶺
東白龍廟
白豸山
高景山
管山
東

石湖全图 / 选自道光《苏州府志》

石湖全圖
座落
石佛寺

石湖图 / 选自崇祯《吴县志》

石湖圖

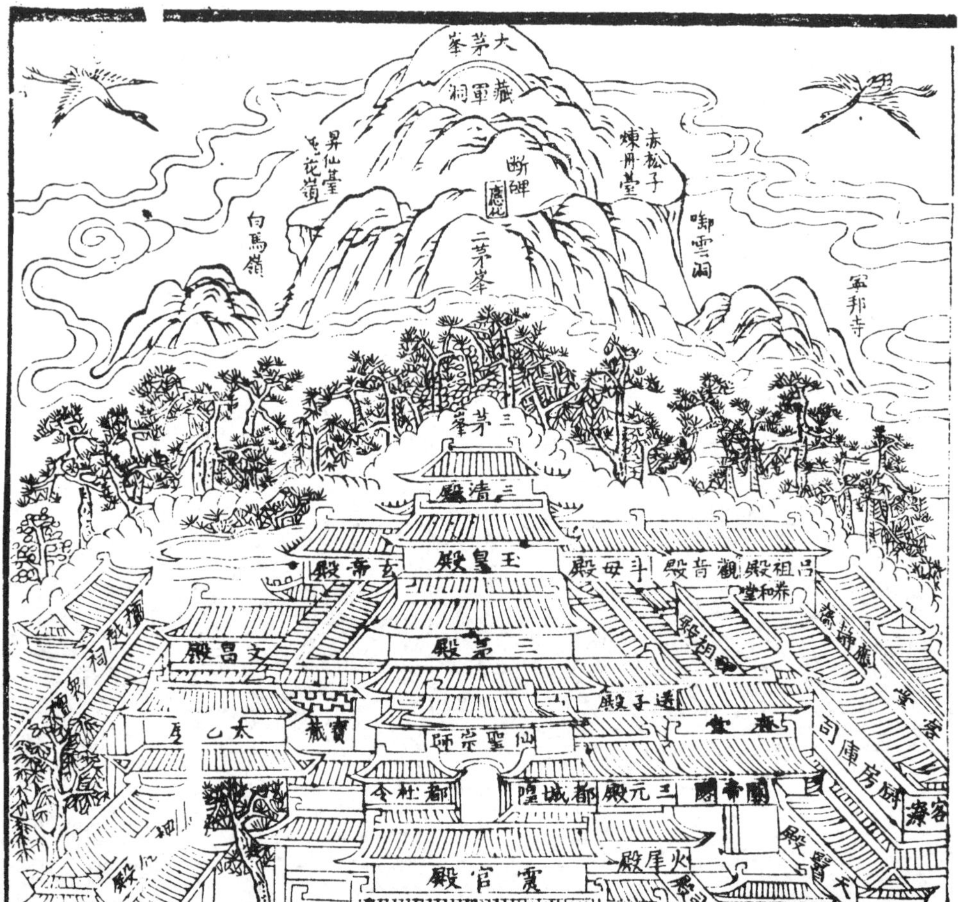

穹窿胜景图 / 选自清《穹窿山志》

太湖
虎山
羊山
王舁山
靈岩山八景
天平山
華山
金山
獅山
寒山寺
上方山塔
木瀆鎮
石湖
治平寺
五福橋
橫塘橋
行春橋
越城橋
石灰橋

穹窿胜景图 / 选自清《穹窿山志》

大茅峰图 / 选自清《穹窿山志》

二茅峰图 / 选自清《穹窿山志》

三茅峰图 / 选自清《穹窿山志》

西洞庭山图 / 选自崇祯《吴县志》

西洞庭山圖
金庭
縹緲峯
元山
包山寺
下鎮
東蔡
銷夏湾
水平王廟
石公
明月湾
三山

东洞庭山图 / 选自崇祯《吴县志》

東洞庭山圖
余山
武山

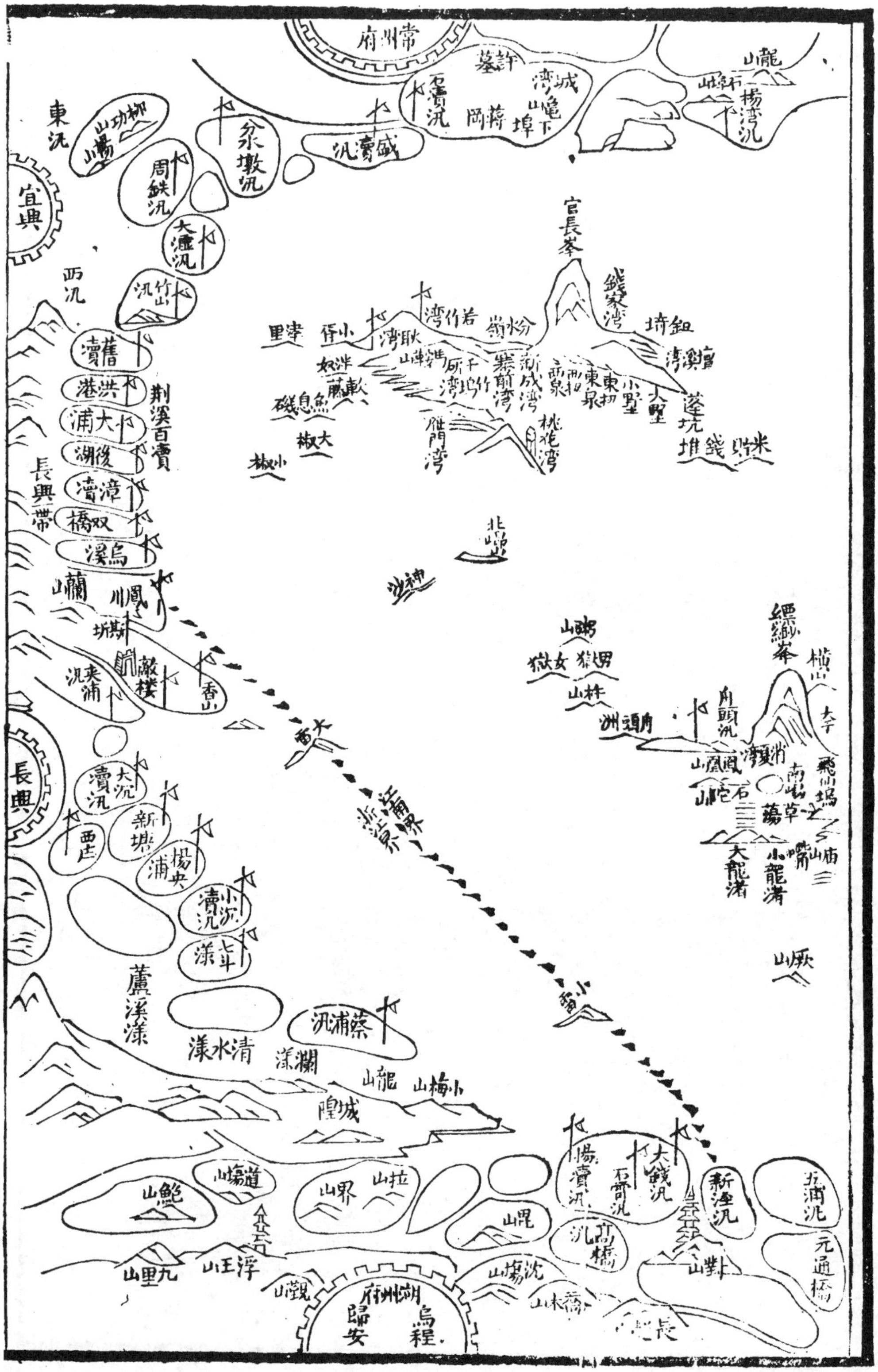

太湖全图 / 选自道光《苏州府志》

太湖全圖
無錫
金匱
蘇州府
元和
長洲
吳縣
吳江
震澤
五龍橋
七里港
西山
東山

虞山图 / 选自道光《苏州府志》

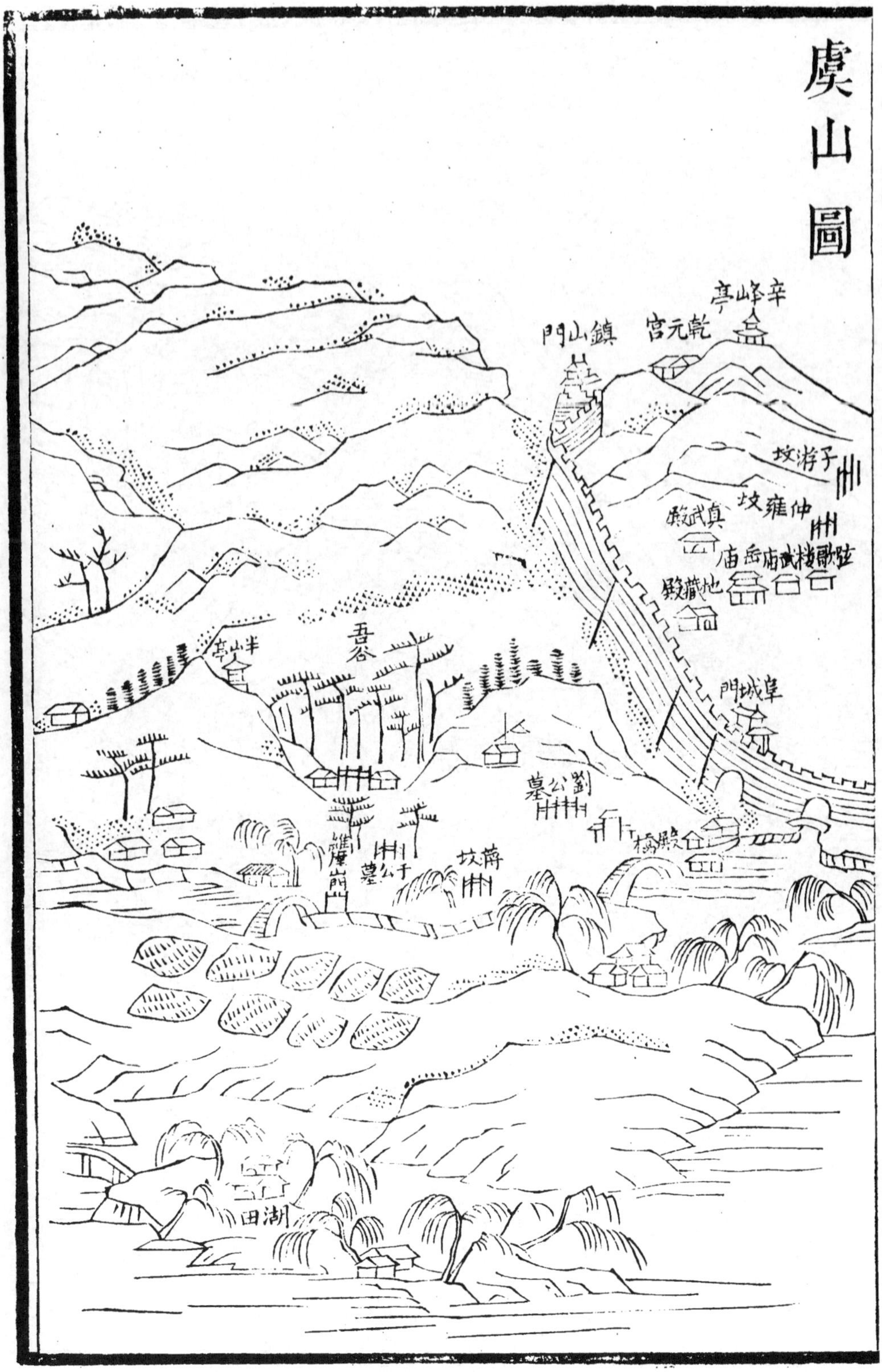
虞山圖
辛峰亭
乾元宮
鎮山門
子游坟
仲雍坟
真武殿
弦歌楼
武庙
岳庙
地藏殿
皇城門
半山亭
吾谷
劉公墓
于公墓
蒋坟
維摩山前
湖田

虞山南境图 / 选自乾隆《常昭合志》

虞山南境圖

辛峰亭
乾元宮
鎮山門
子游坟
仲雍坟
真武殿
弦歌樓
武廟
岳廟
地藏殿
半山亭
吾谷
山居
阜城門
劉公泉
殿橋
蔣坟
手公墓
維摩菴
湖田

虞山北境图 / 选自乾隆《常昭合志》

虞山北境圖

乌目山图 / 选自崇祯《破山兴福寺志》

烏目山圖
厲壇
宣化門

马鞍山图 / 选自道光《苏州府志》

馬鞍山圖

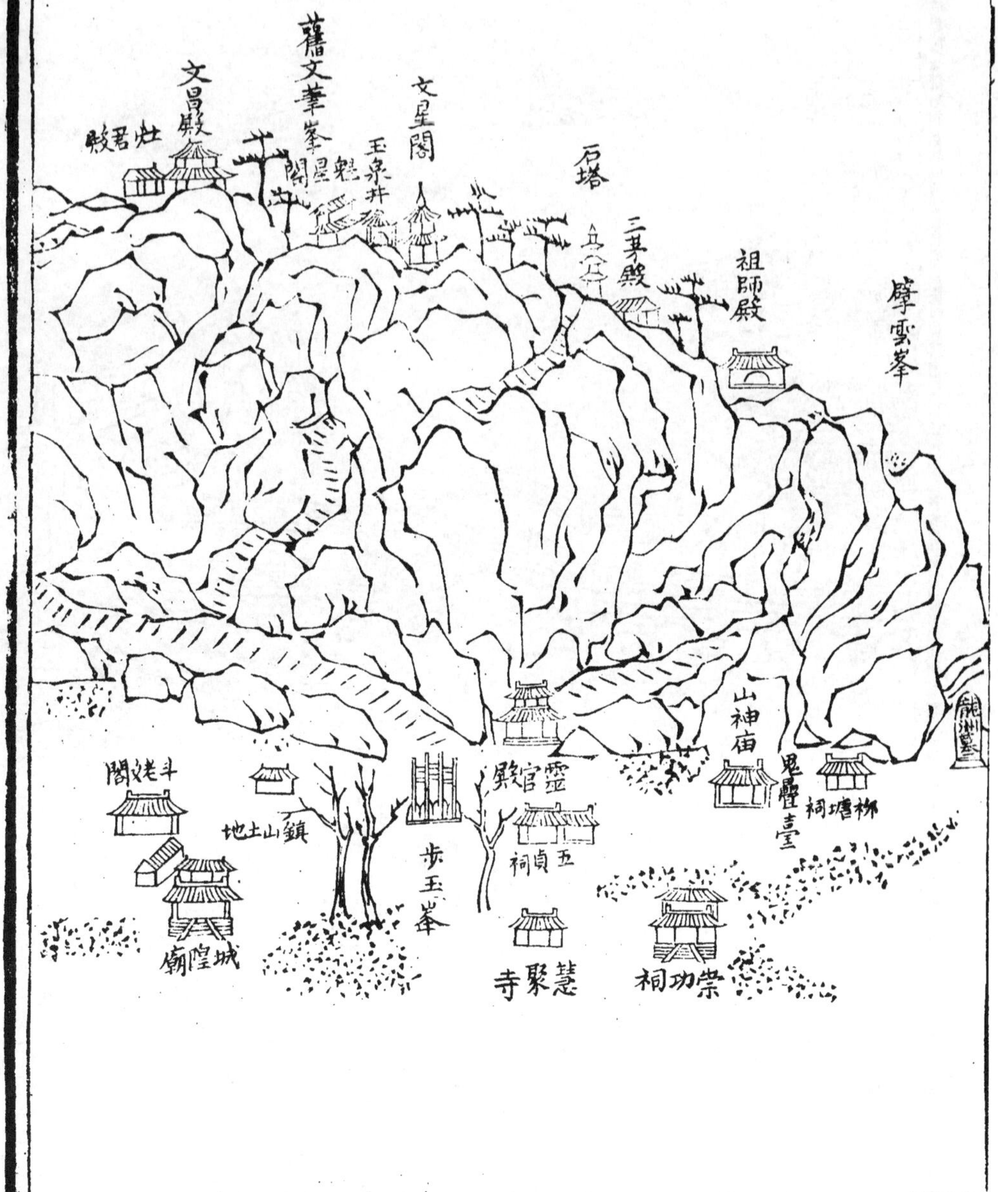
文昌殿
灶君殿
舊文華峯
魁星閣
玉泉井
文星閣
石塔
三茅殿
祖師殿
劈雲峯
龍洲墓
山神廟
鬼疊臺
柳塘祠
斗姥閣
鎮山土地
靈官殿
五貞祠
步玉峯
城隍廟
慧聚寺
崇功祠

垂虹胜概图 / 选自弘治《吴江志》

垂虹勝槩圖

石湖山水图 / 选自弘治《吴江志》

石湖山水圖
吳縣界
拜郊臺
寶積寺
茶磨山
治平寺
觀音岩
御書亭
行春橋
天鏡閣
農圃堂
紅蓼渚

范文穆公绮川亭图 / 选自弘治《吴江志》

范文穆公綺川亭圖
上方
綺川亭
分秀橋
石湖

莺脰湖图 / 选自道光《苏州府志》

鶯脰湖圖

莺湖胜景图 / 选自弘治《吴江志》

鶯湖勝景圖
平望驛
安德橋
塘路

社稷坛图 / 选自弘治《吴江志》

风云雷雨山川坛图 / 选自弘治《吴江志》

邑厉坛图 / 选自弘治《吴江志》

三高祠图 / 选自弘治《吴江志》

太湖水神庙图 / 选自弘治《吴江志》

顾公祠图 / 选自弘治《吴江志》

思鲈返棹图 / 选自弘治《吴江志》

甘泉龙神祠图 / 选自弘治《吴江志》

穿山图 / 选自嘉庆《直隶太仓州志》

天門頂
降帆峯

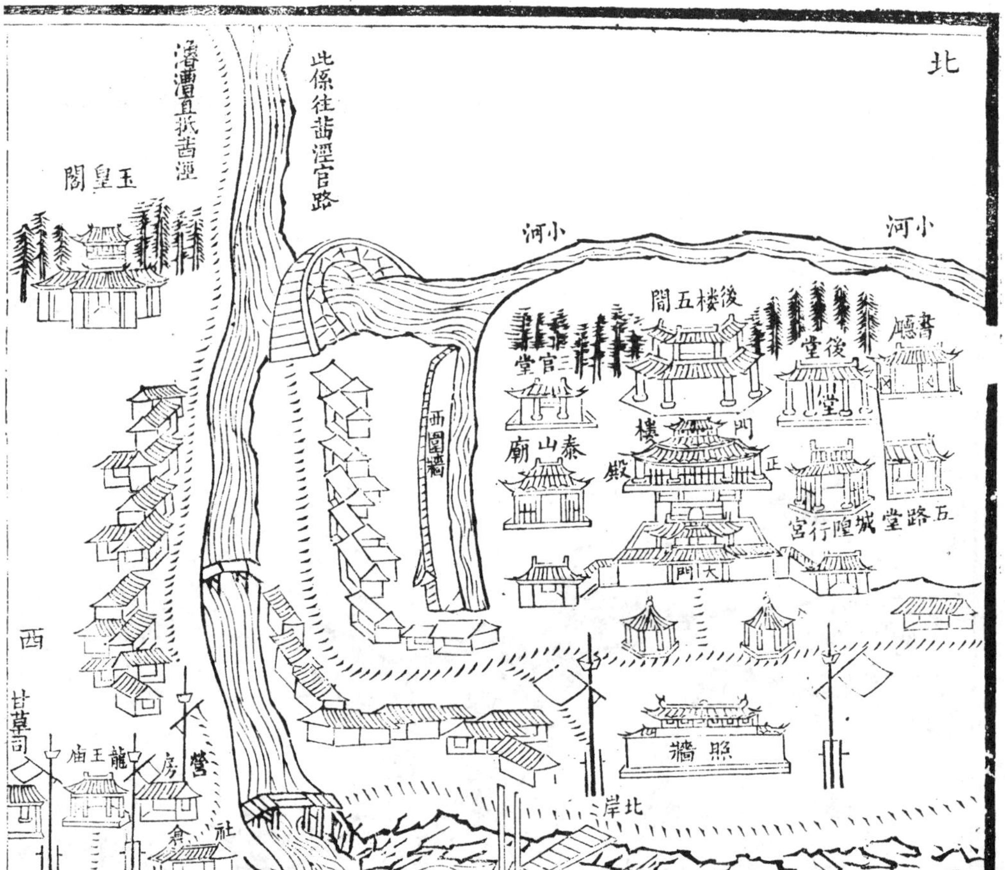

刘河海口天后行宫图 / 选自乾隆《镇洋县志》

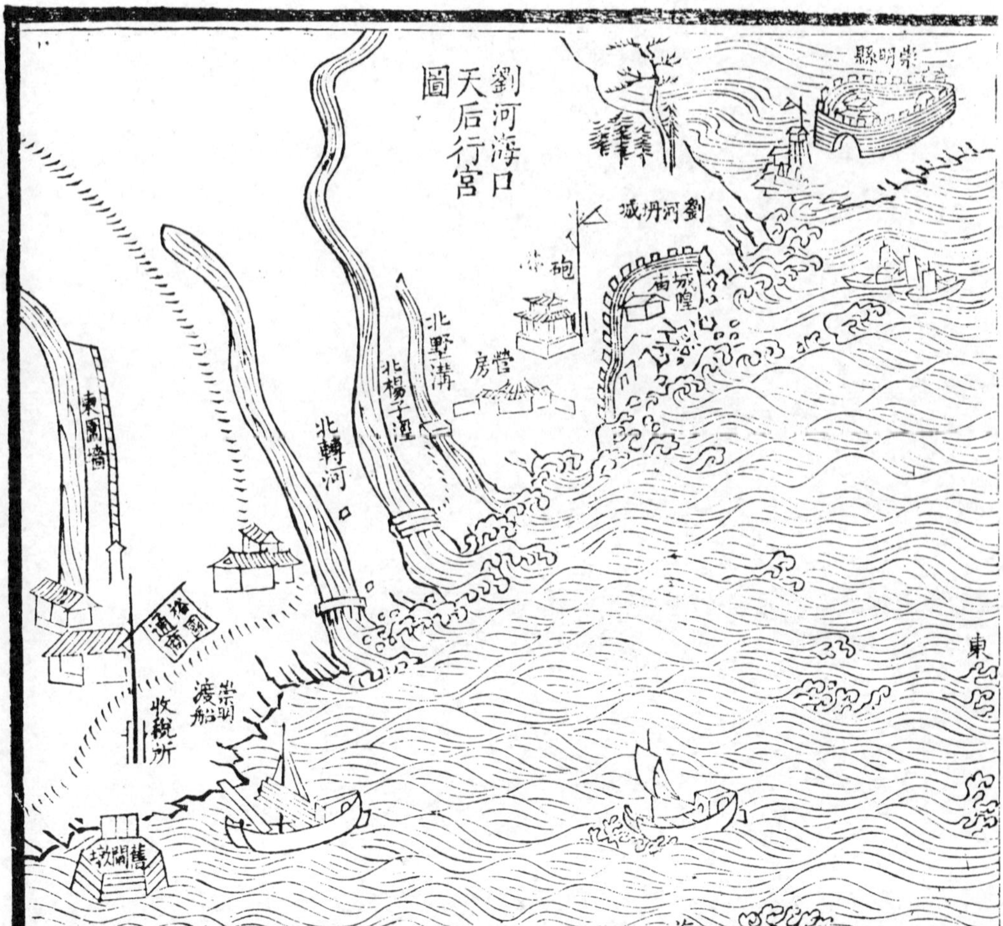
劉河海口天后行宮圖
崇明縣
劉河汛城
城隍
營房
北墅溝
北楊子涇
北轉河
崇明渡船
收稅所
海口
南轉河
南楊子涇
南墅溝

扬州

蕃釐观图 / 选自康熙《扬州府志》

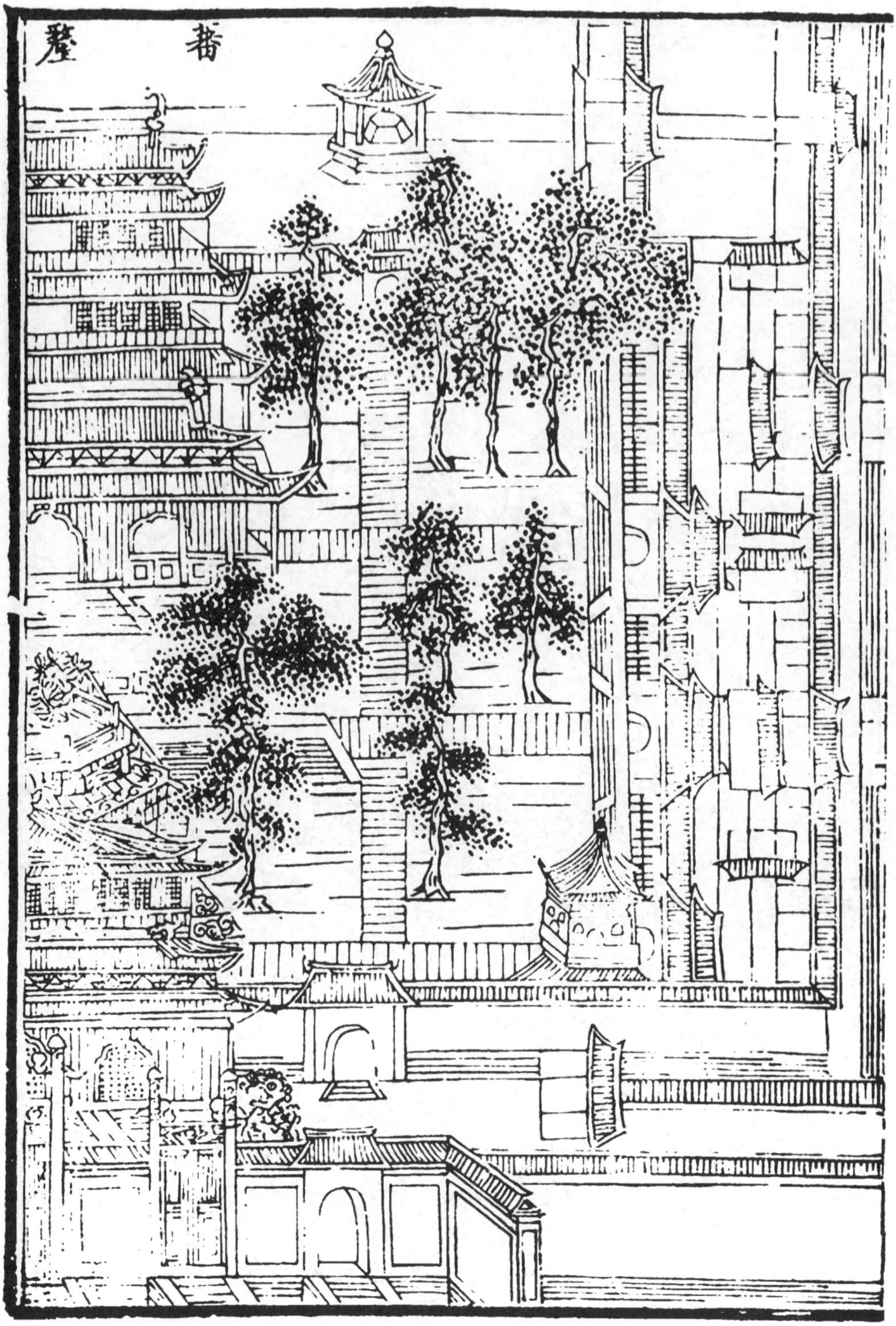
番釐

甘泉山图 / 选自康熙《扬州府志》

甘泉山圖

蜀冈平山堂图 / 选自康熙《扬州府志》

蜀岡平山堂圖

大观楼图 / 选自康熙《扬州府志》

大觀樓圖

狼山图 / 选自康熙《扬州府志》

狼山圖

琼花观图 / 选自康熙《扬州府志》

瓊花觀圖

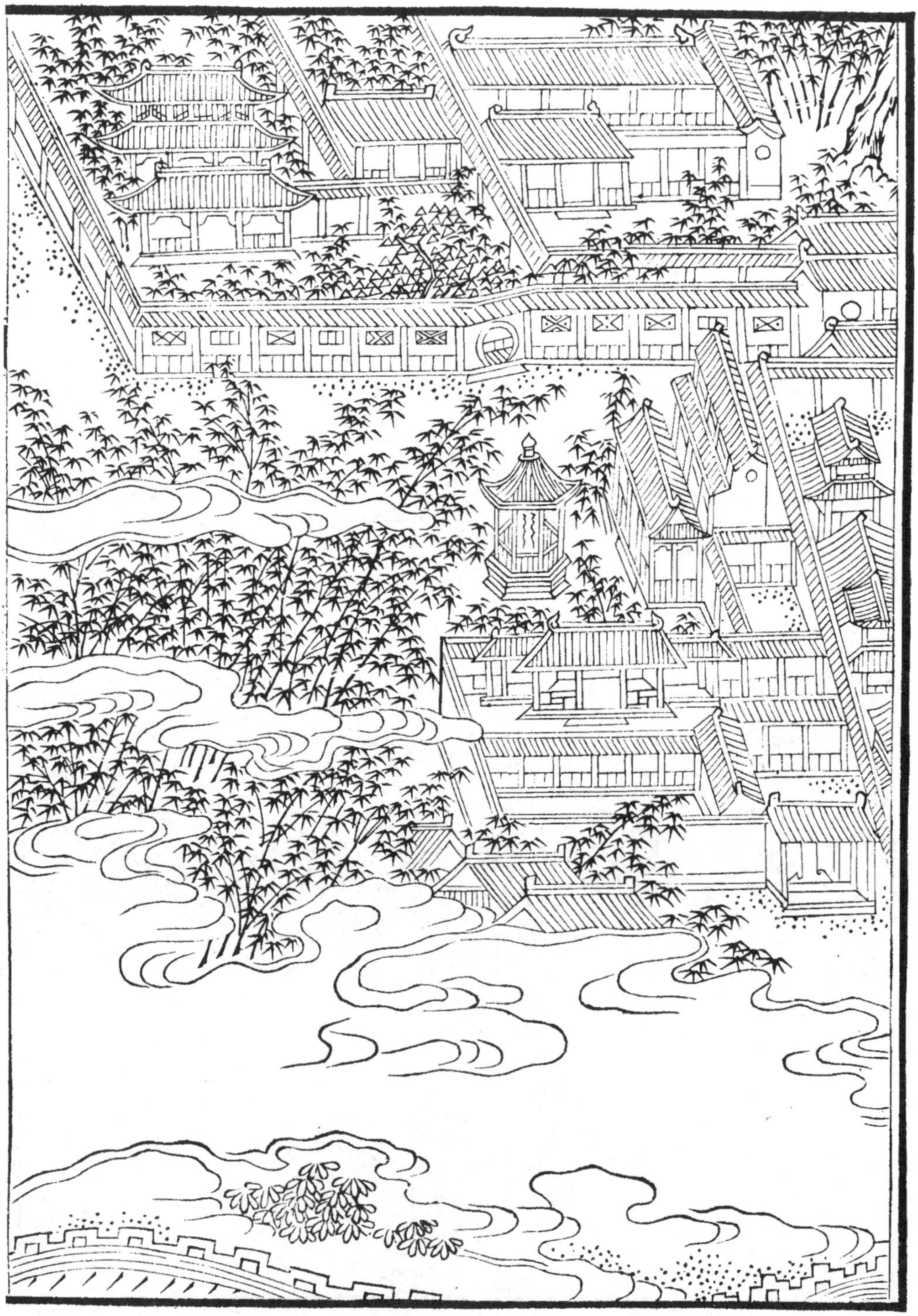

天宁寺图 / 选自康熙《扬州府志》

天寧寺圖

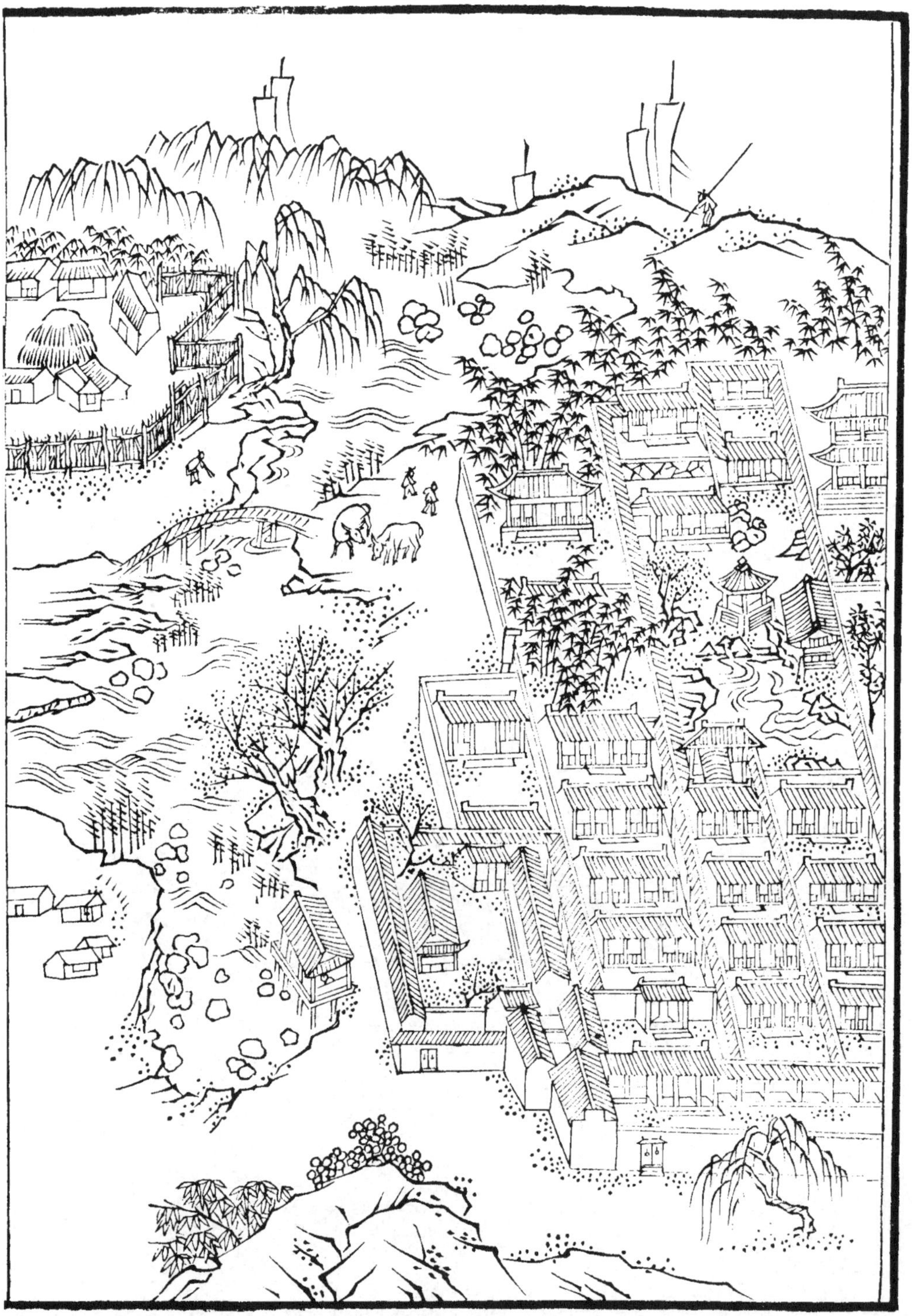

高旻寺图 / 选自康熙《扬州府志》

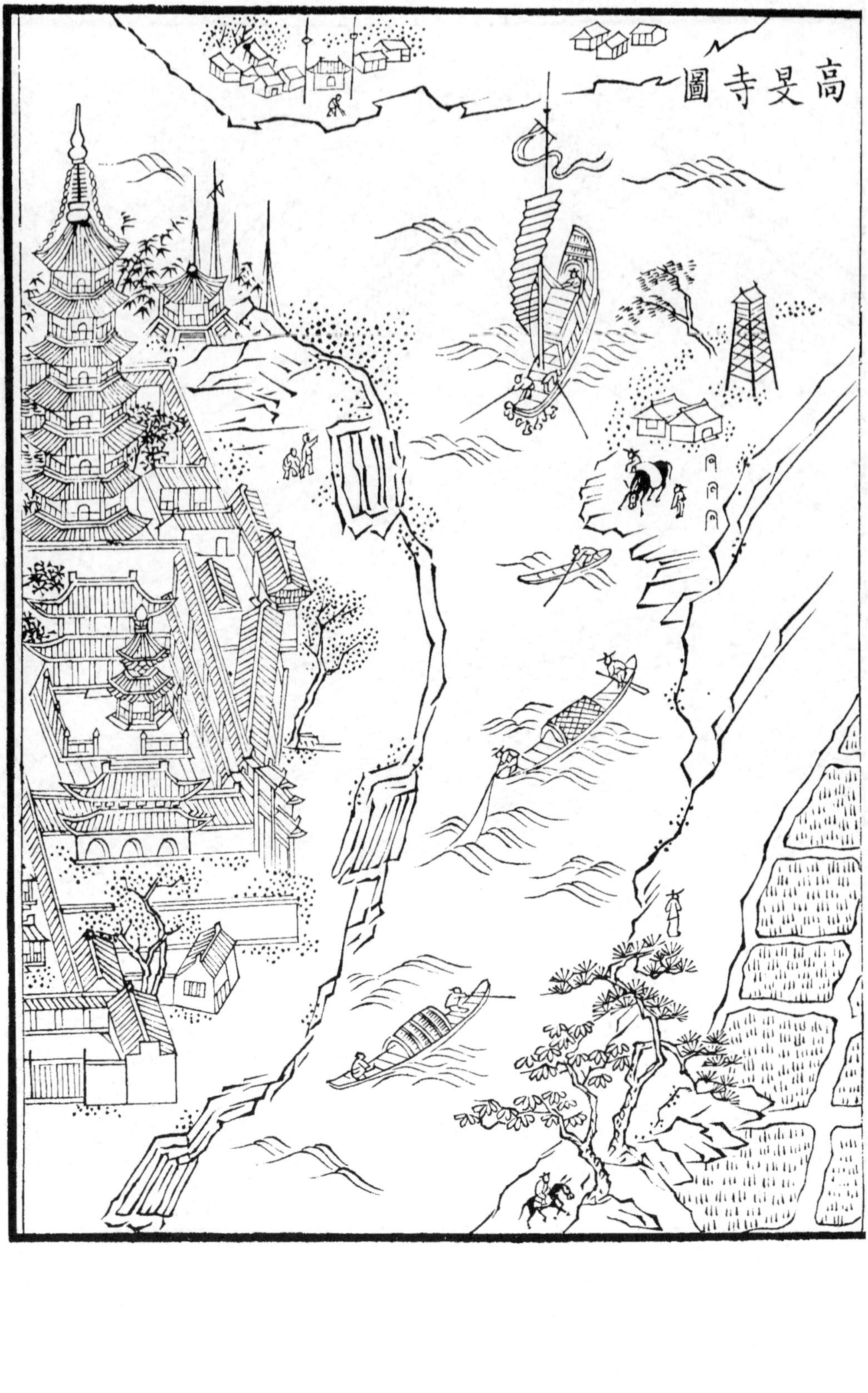
高旻寺圖

神居山图 / 选自康熙《扬州府志》

神居山圖

万寿宫图 / 选自康熙《扬州府志》

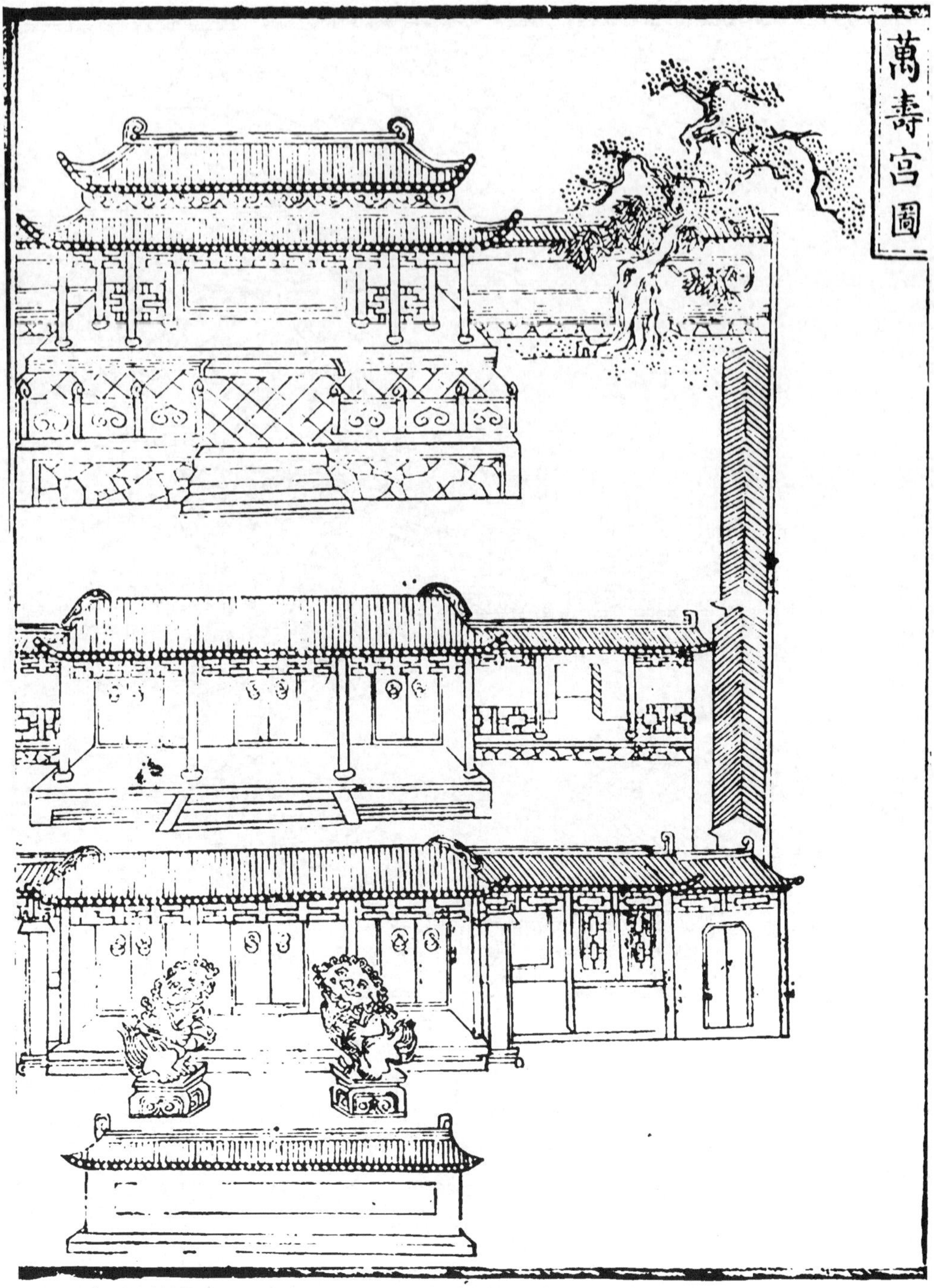
萬壽宮圖

文选楼图 / 选自乾隆《江都县志》

文選樓圖

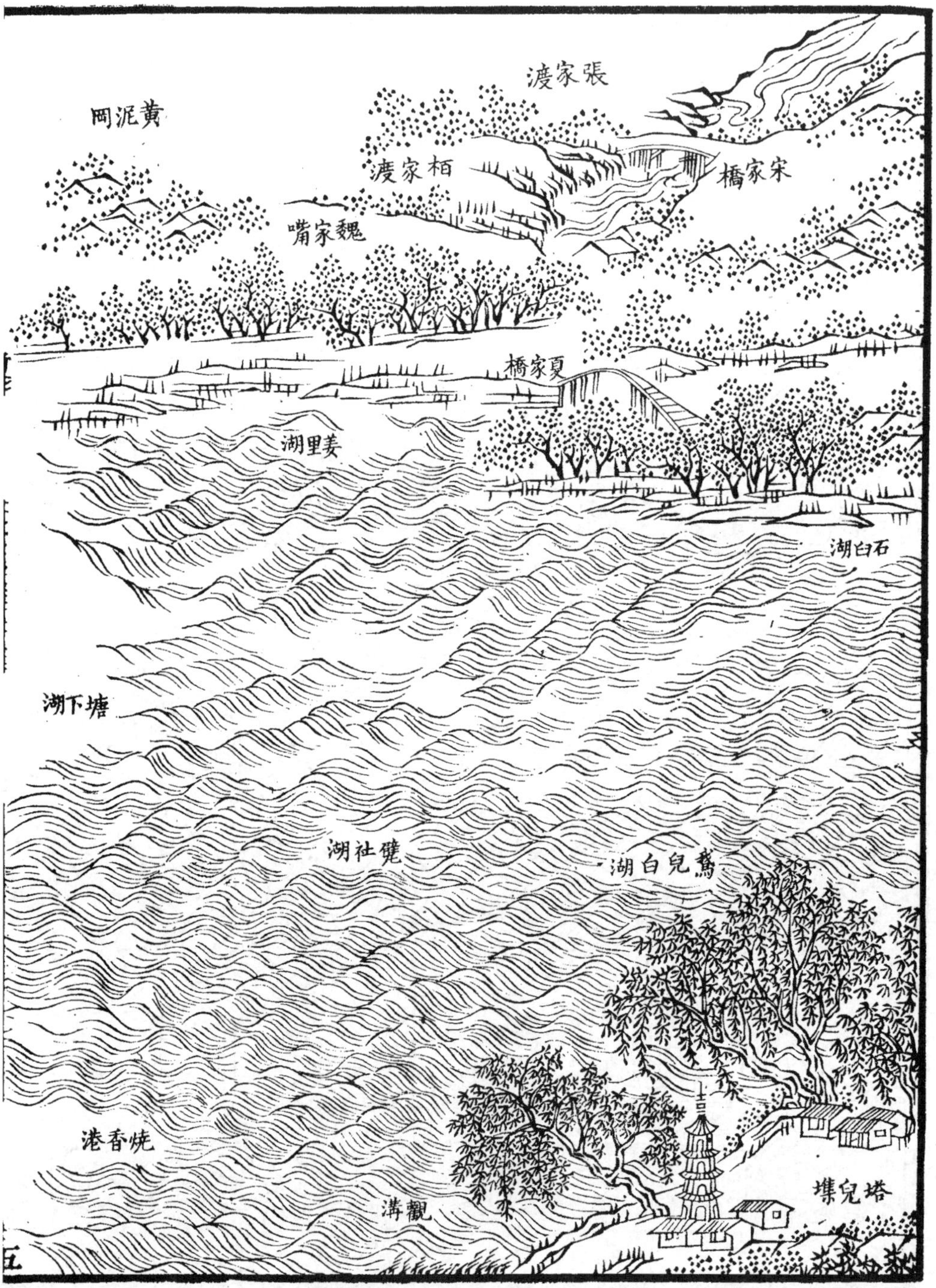

各湖总图 / 选自乾隆《高邮州志》

各湖摠圖
秦蘭河
殷家河
山子頭
張塹寺
神居山
菱塘橋
下阿谿
平阿村
平阿湖
枸溝
平阿溪
呉城頭港
北阿鎮

各湖总图 / 选自乾隆《高邮州志》

相公墳
官河堘
新堘
太師塋
河院寺
新溝嘴
新堘
茅塘港
新溝
武安湖
五湖
珠湖
三里蕩
張良湖
聶里蕩
黄
三湖
石梁溪
沛城村
黄林蕩

文游台图 / 选自乾隆《高邮州志》

文游臺圖
文游臺
泰山

文昌宫图 / 选自嘉庆《高邮州志》

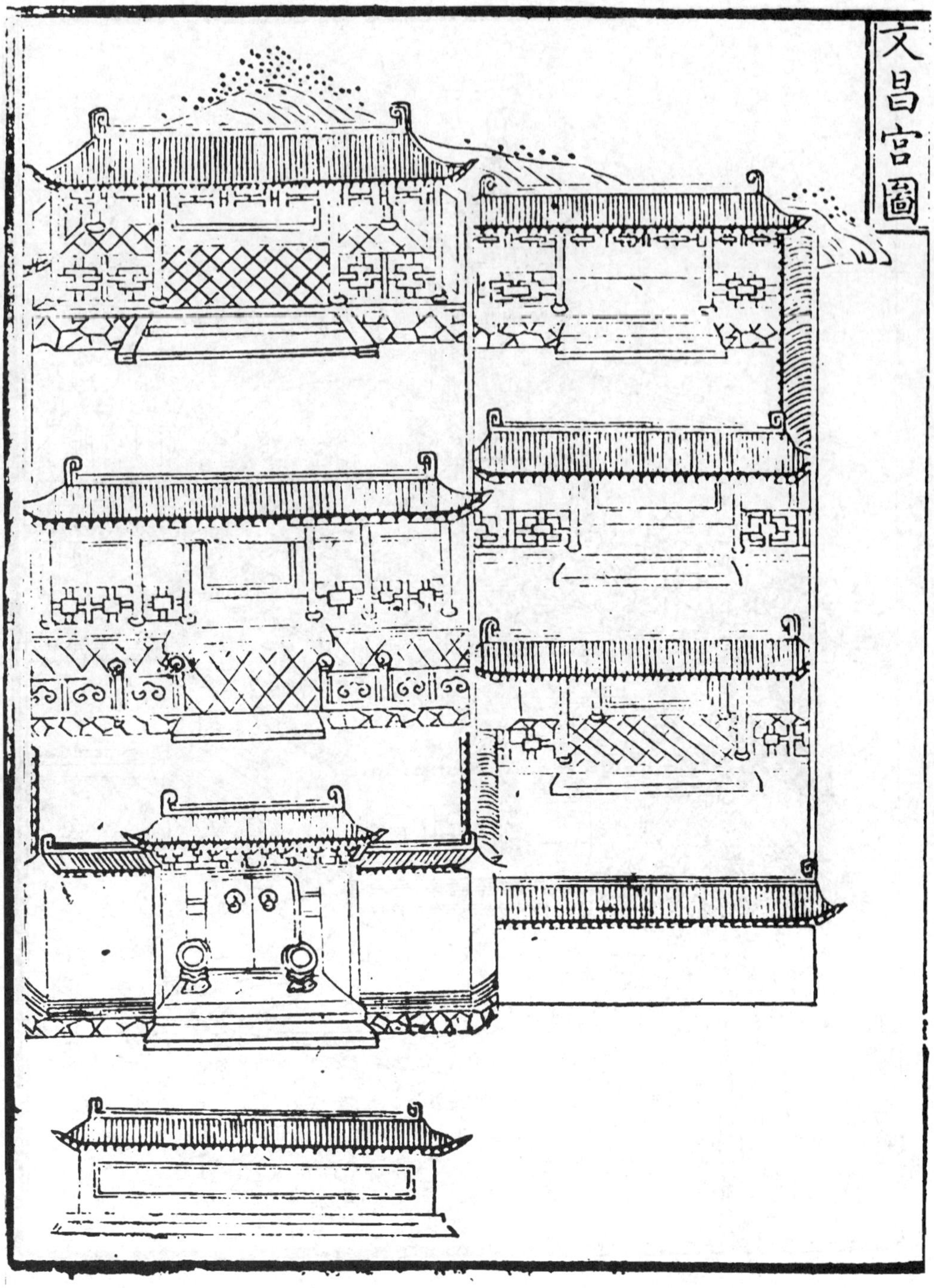
文昌宫圖

奎楼图 / 选自嘉庆《高邮州志》

奎樓圖

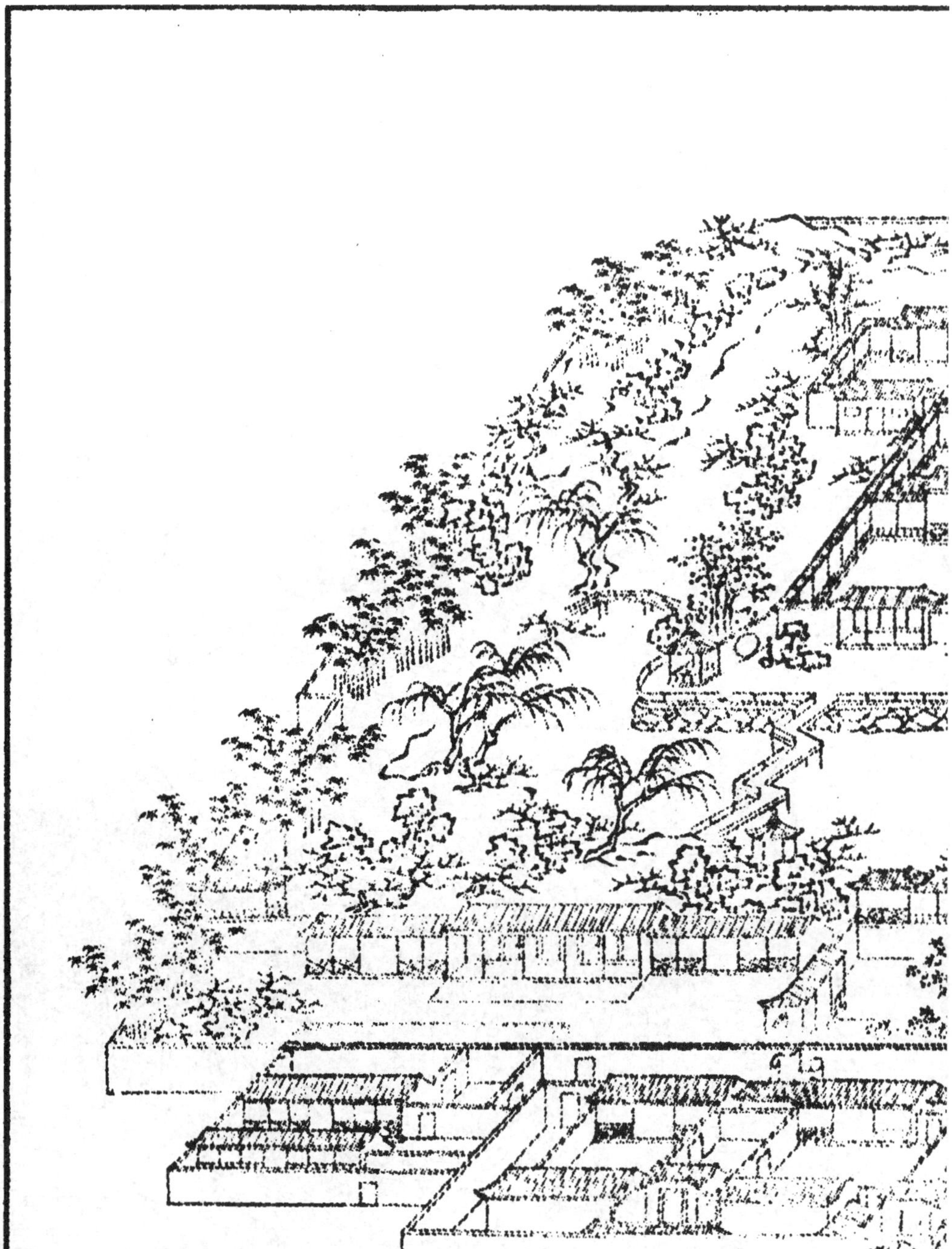

锦春园图 / 选自《广陵名胜全图》

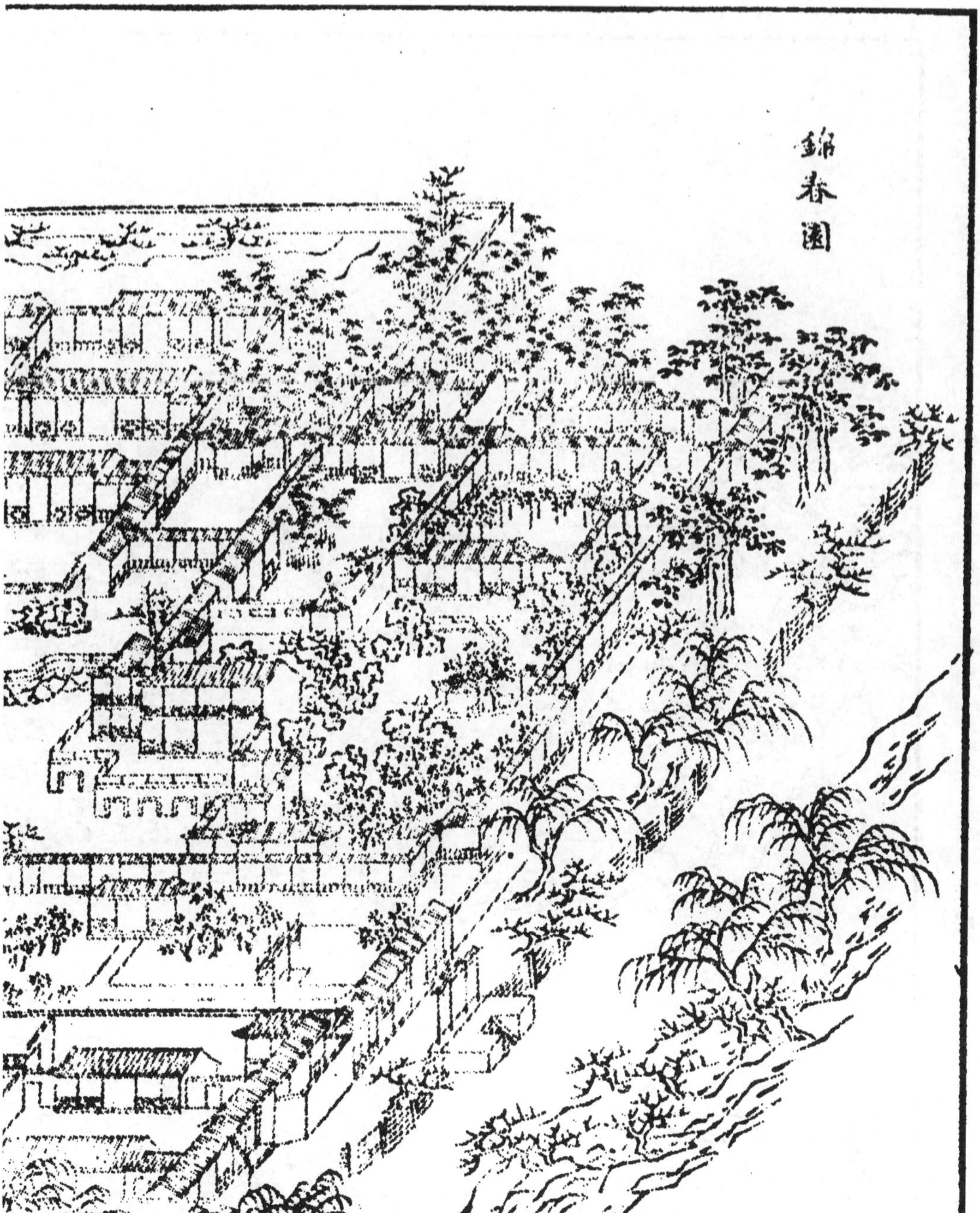
錦春園

御题九峰园图 / 选自《广陵名胜全图》

御題九峯園

康山图 / 选自《广陵名胜全图》

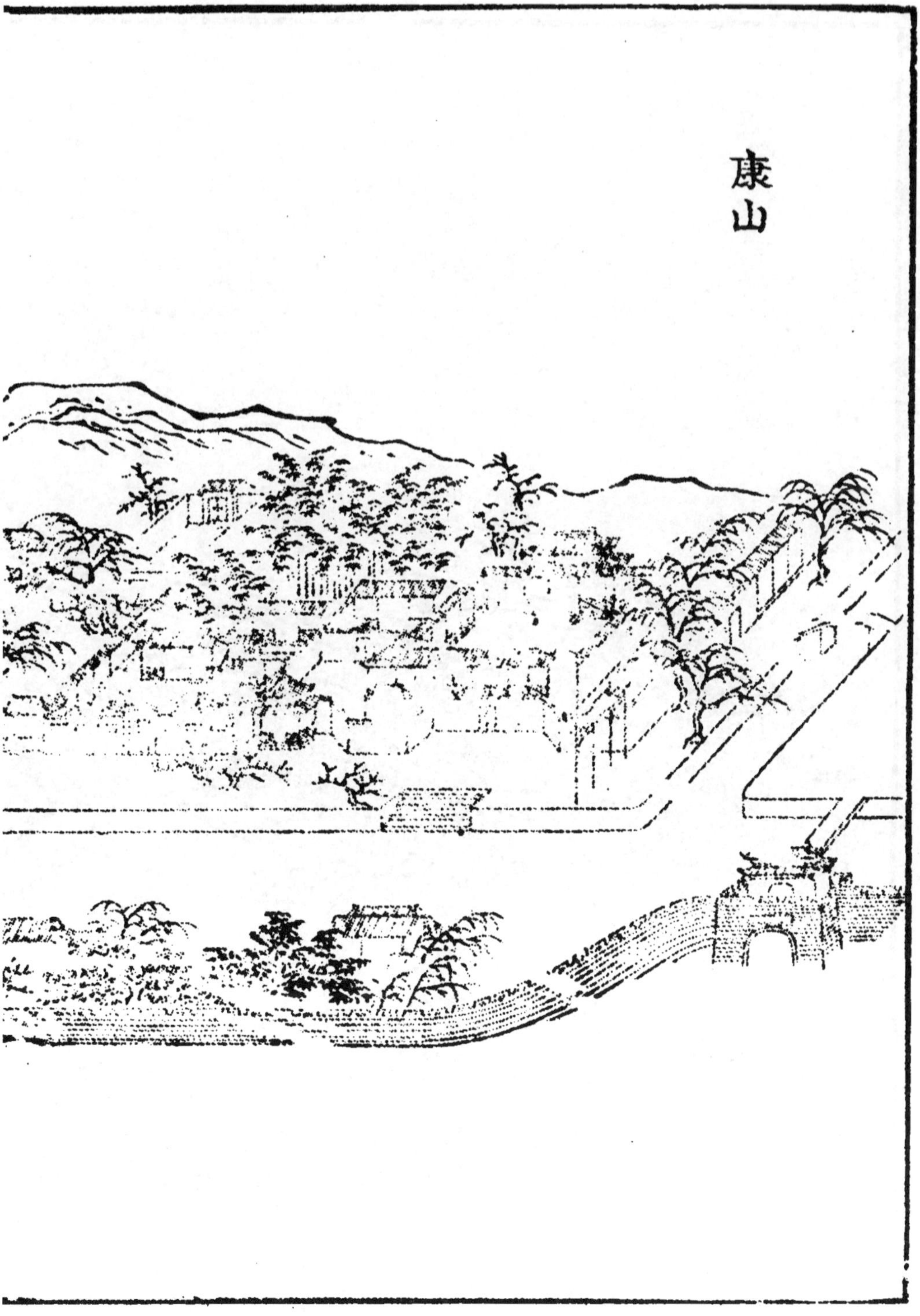
康山

平冈艳雪图 / 选自《广陵名胜全图》

平岡豔雪

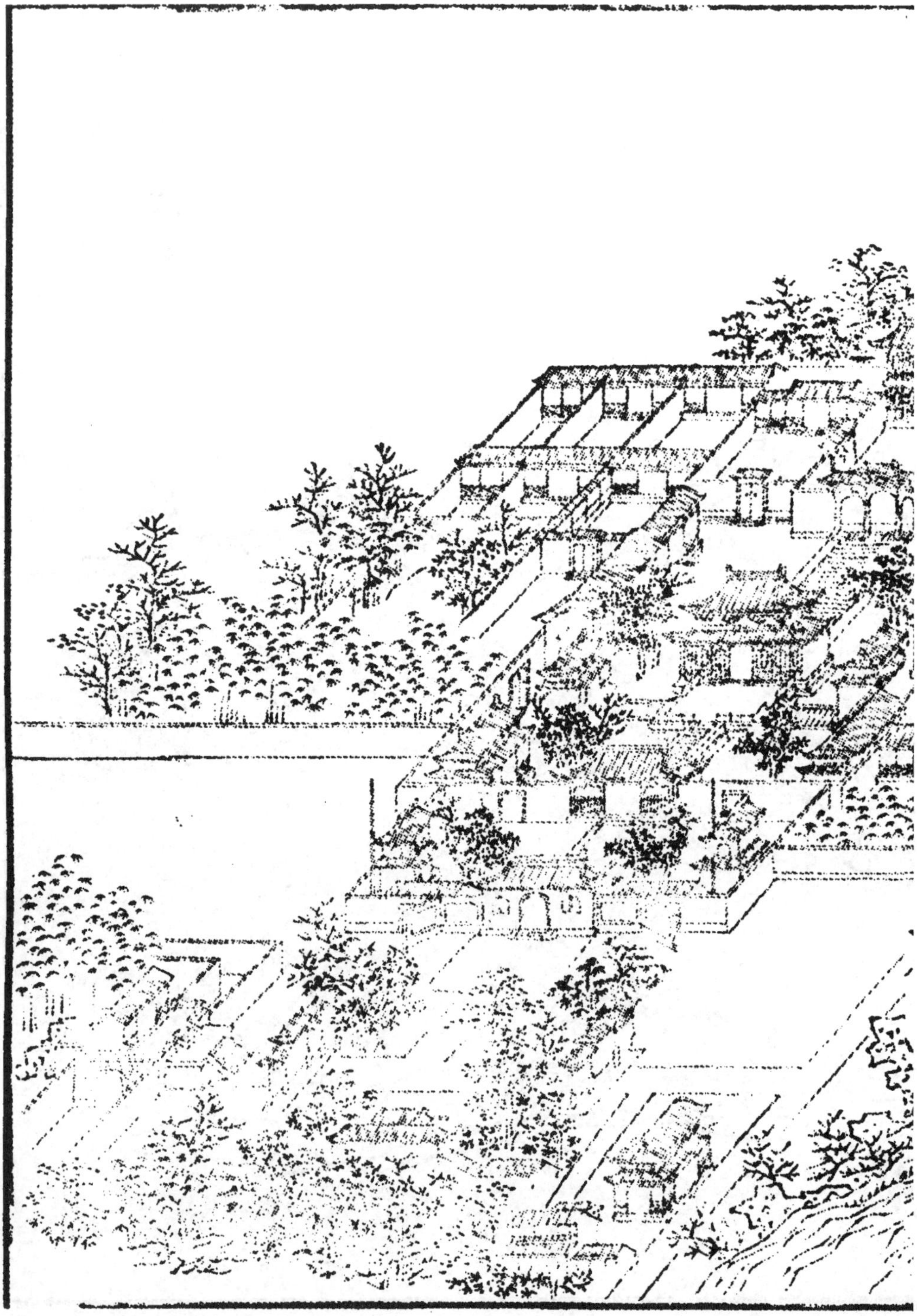

万寿重宁寺图 / 选自《广陵名胜全图》

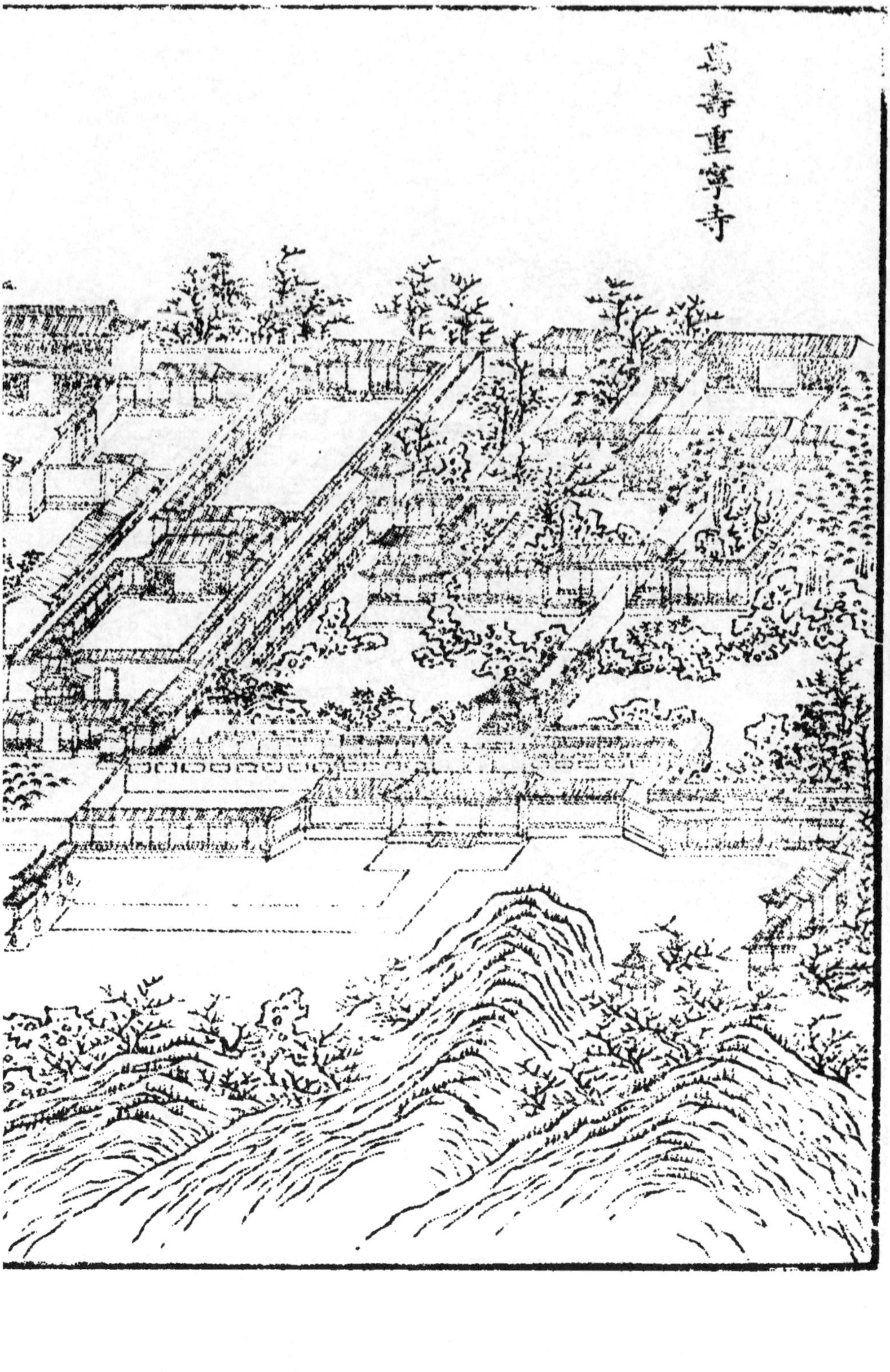
萬壽重寧寺

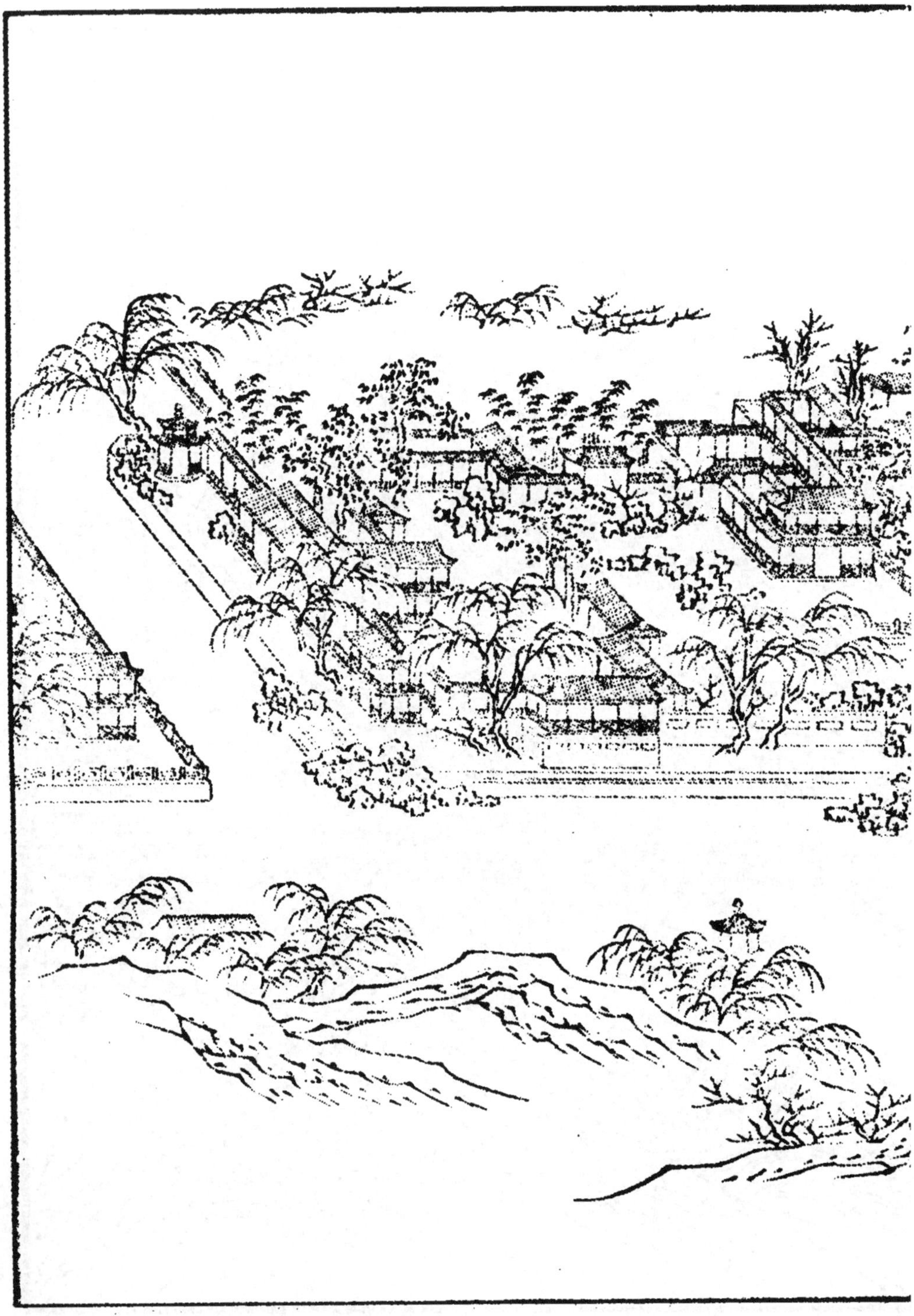

御题倚虹园图 / 选自《广陵名胜全图》

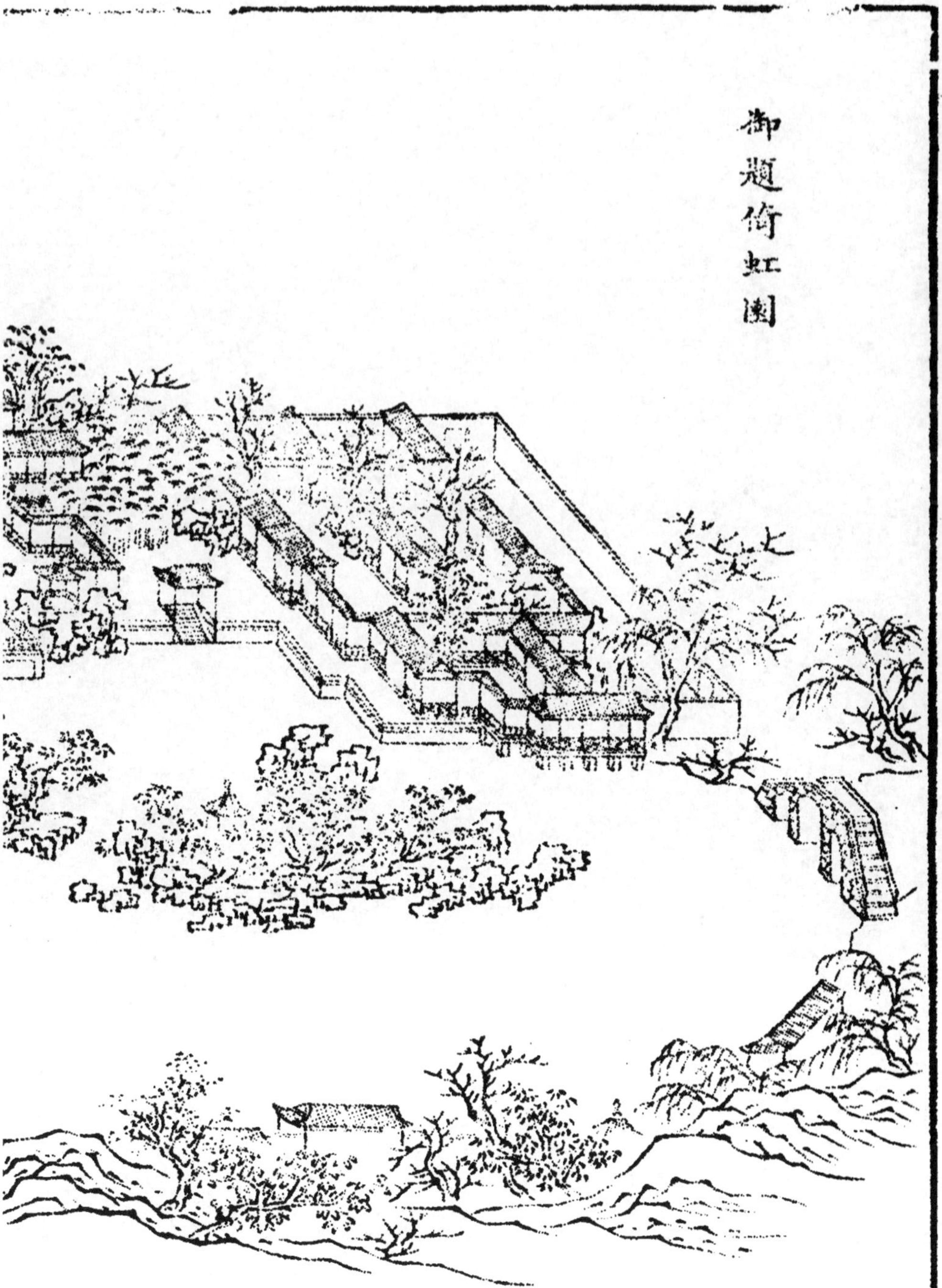
御題倚虹園

南通

五山全图 / 选自《南通州五山全志》

五山全圖
劍山
狼山
把總署
演武場
軍山
沙田
新港
沙田
海

狼山图 / 选自光绪《通州直隶州志》

南通

剑山图 / 选自光绪《通州直隶州志》

军山图 / 选自光绪《通州直隶州志》

马鞍山图 / 选自光绪《通州直隶州志》

黄泥山图 / 选自光绪《通州直隶州志》

朐山图 / 选自嘉庆《海州直隶州志》

朐山圖
白虎山
圓林寺
小石棚
碧霞宫

云台山图 / 选自嘉庆《海州直隶州志》

雲臺山圖
大佛寺
朝陽洞
嘯雲洞
竹澗
茶菴
九龍口
山東庄
凌州村

夹谷山图 / 选自嘉庆《海州直隶州志》

夾谷山圖
奎星洞
夾谷書院
聖化亭
孔子相魯會齊侯處

子赣山图 / 选自嘉庆《海州直隶州志》

于贛山圖
塌山

韩山图 / 选自嘉庆《海州直隶州志》

韓山圖

建陵山图 / 选自嘉庆《海州直隶州志》

建陵山圖

蟠龙松图 / 选自道光《云台新志》

蟠龍松圖

孤山图 / 选自光绪《靖江县志》

孤山圖

上海

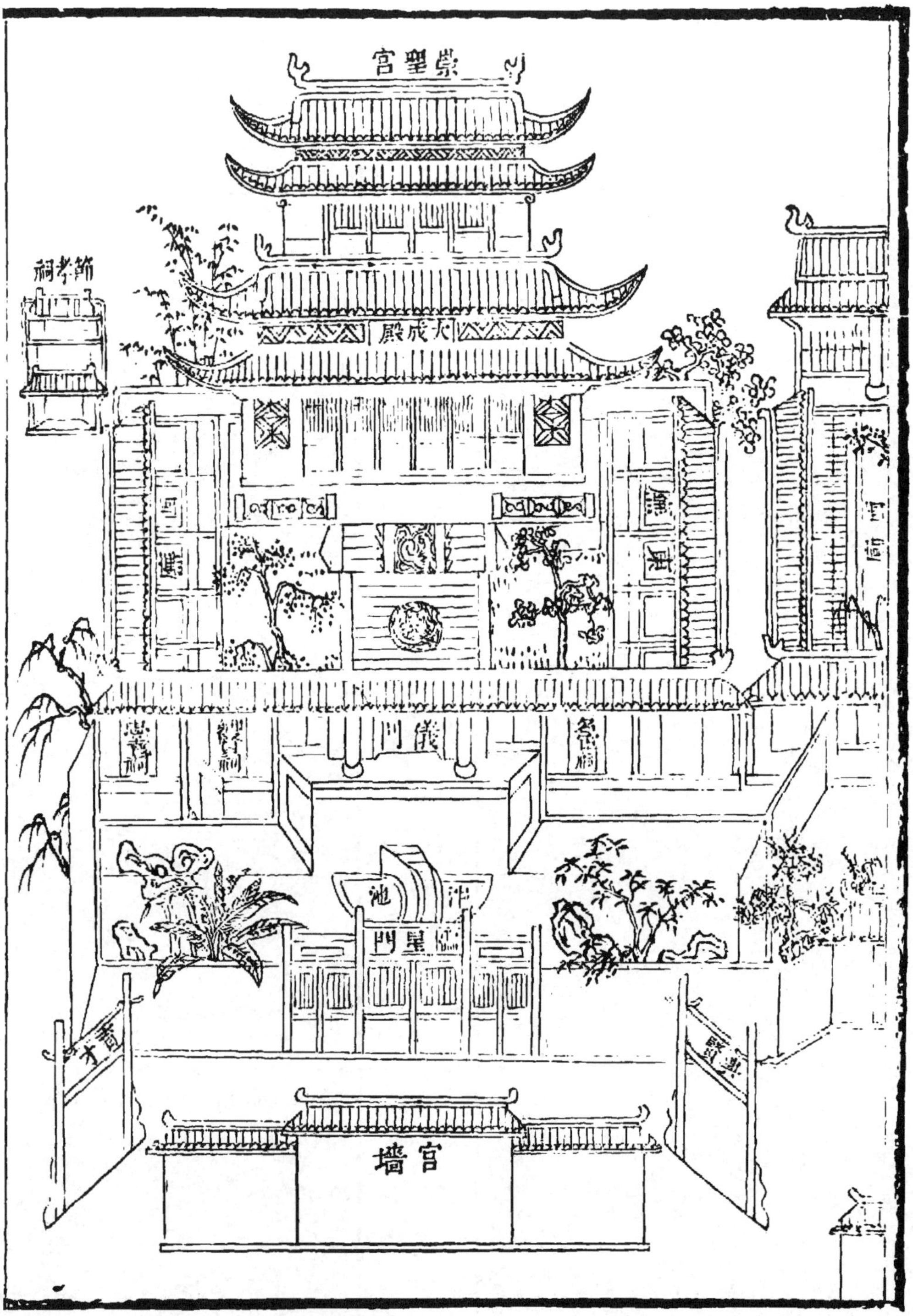

学校图 / 选自乾隆《南汇县新志》

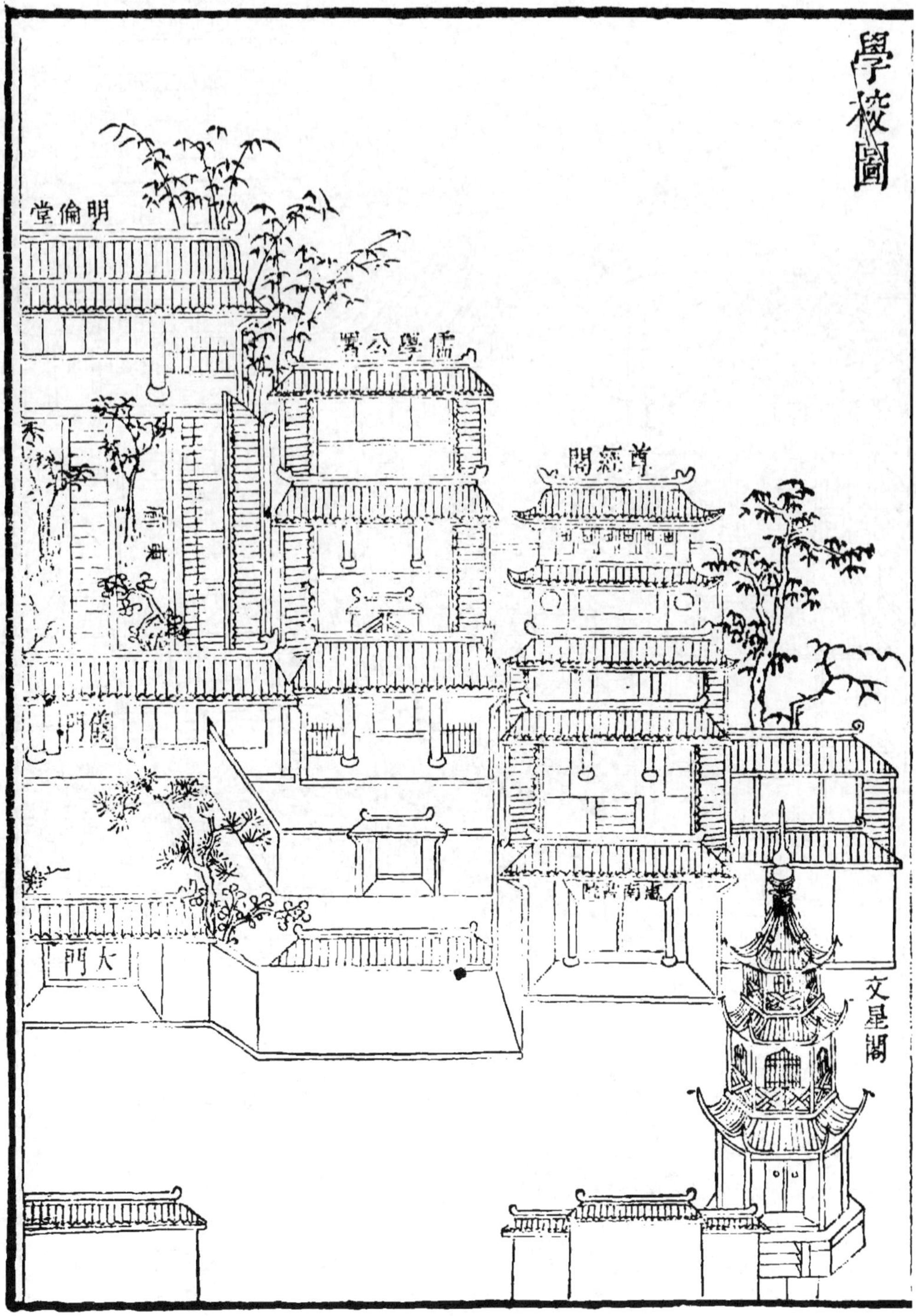
學校圖
明倫堂
儒學公署
尊經閣
儀門
大門
文星閣

青浦县学图/选自乾隆《重修青浦县志》

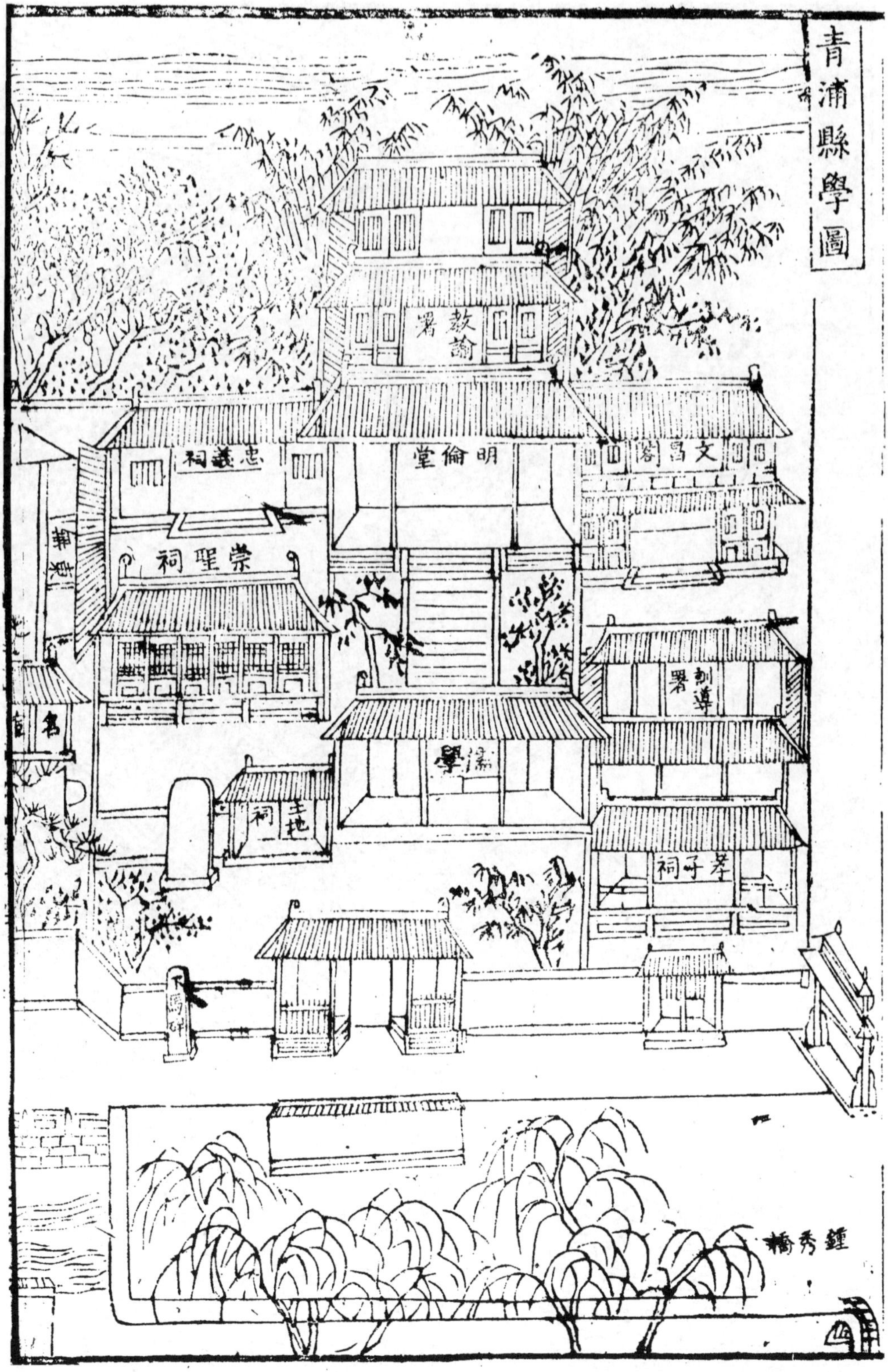

青浦縣學圖

青溪书院图／选自乾隆《重修青浦县志》

青谿書院圖
大生橋
大盈浦
優曇菴
關帝廟
開化菴
三公祠

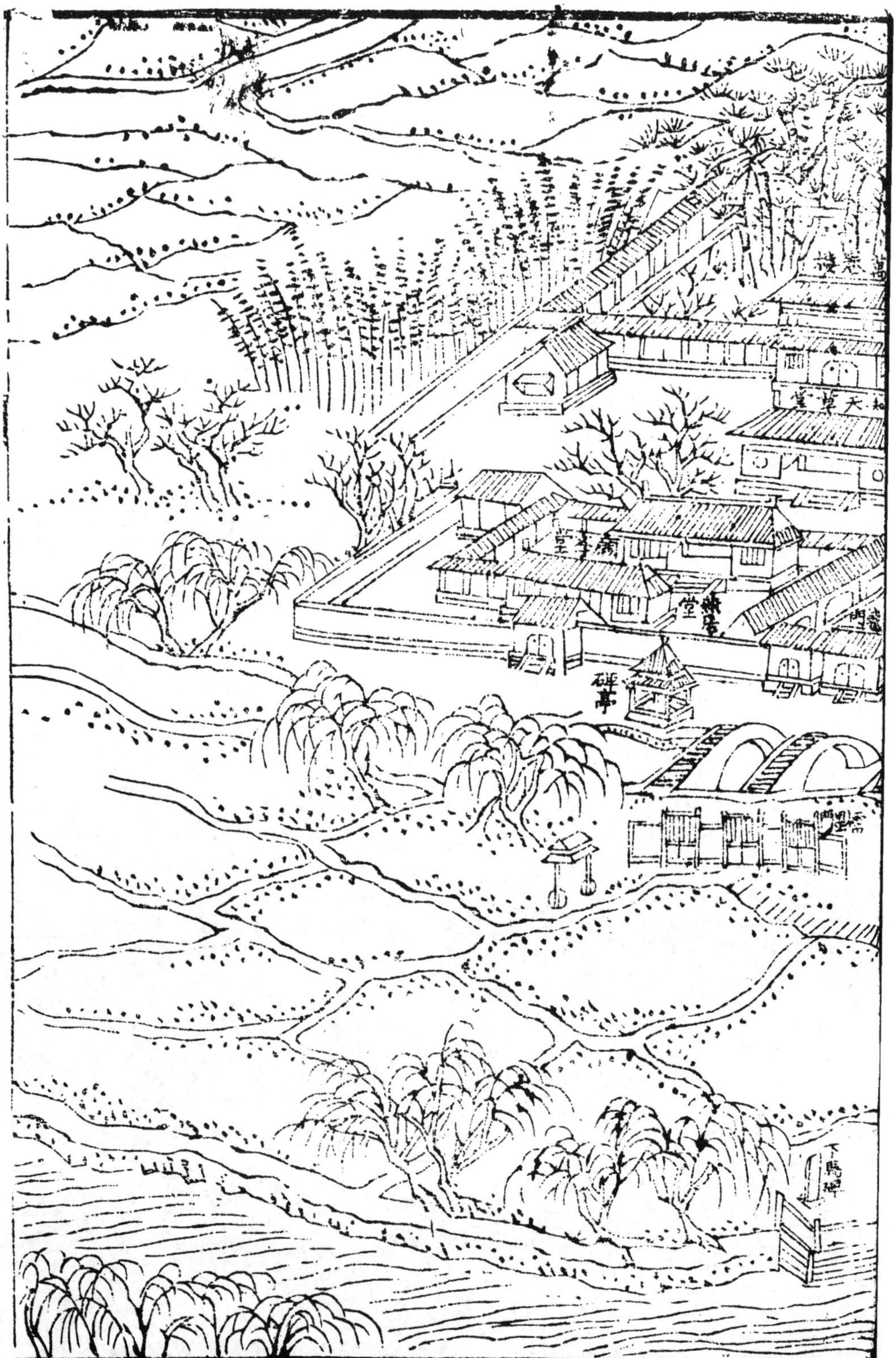

孔宅图 / 选自乾隆《重修青浦县志》

孔宅圖
御書樓
衣冠墓
啟聖宮
講堂
碑亭
詠歸橋
文星閣
碑亭
碑亭
下馬碑

凤凰山图 / 选自乾隆《重修青浦县志》

鳳凰山圖

库公山图 / 选自乾隆《重修青浦县志》

厙公山圖

细林山图 / 选自乾隆《重修青浦县志》

細林山圖
玉皇殿

兰笋山图 / 选自乾隆《重修青浦县志》

蘭筍山圖

薛山图 / 选自乾隆《重修青浦县志》

許山圖

竿山图 / 选自乾隆《重修青浦县志》

簳山圖

钟贾山图 / 选自乾隆《重修青浦县志》

鍾賈山圖
壽安寺

卢山图 / 选自乾隆《重修青浦县志》

佘山圖

福泉山图 / 选自乾隆《重修青浦县志》

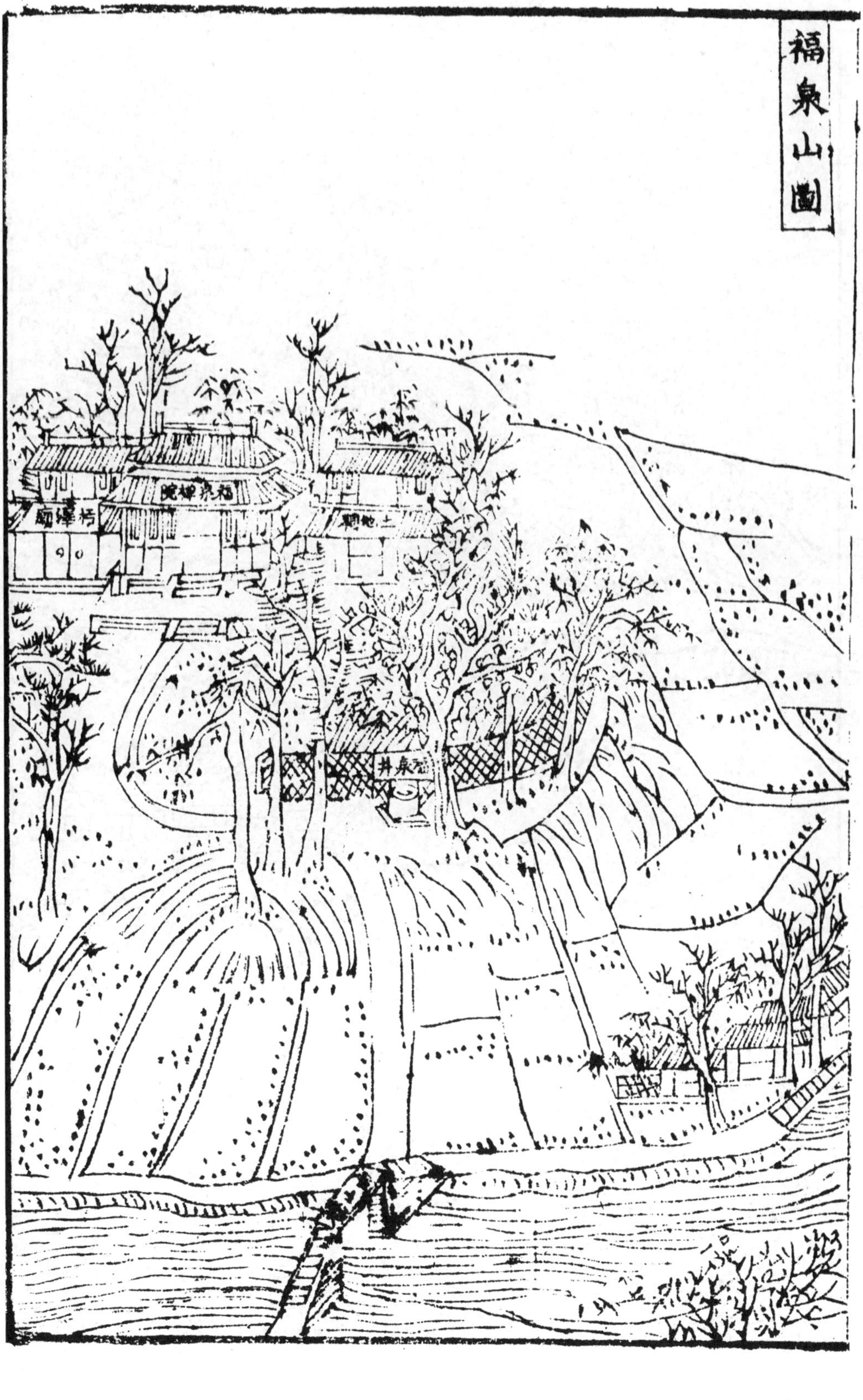
福泉山圖
福泉禪院
栖禪閣
土地祠
福泉井

淀山图 / 选自乾隆《重修青浦县志》

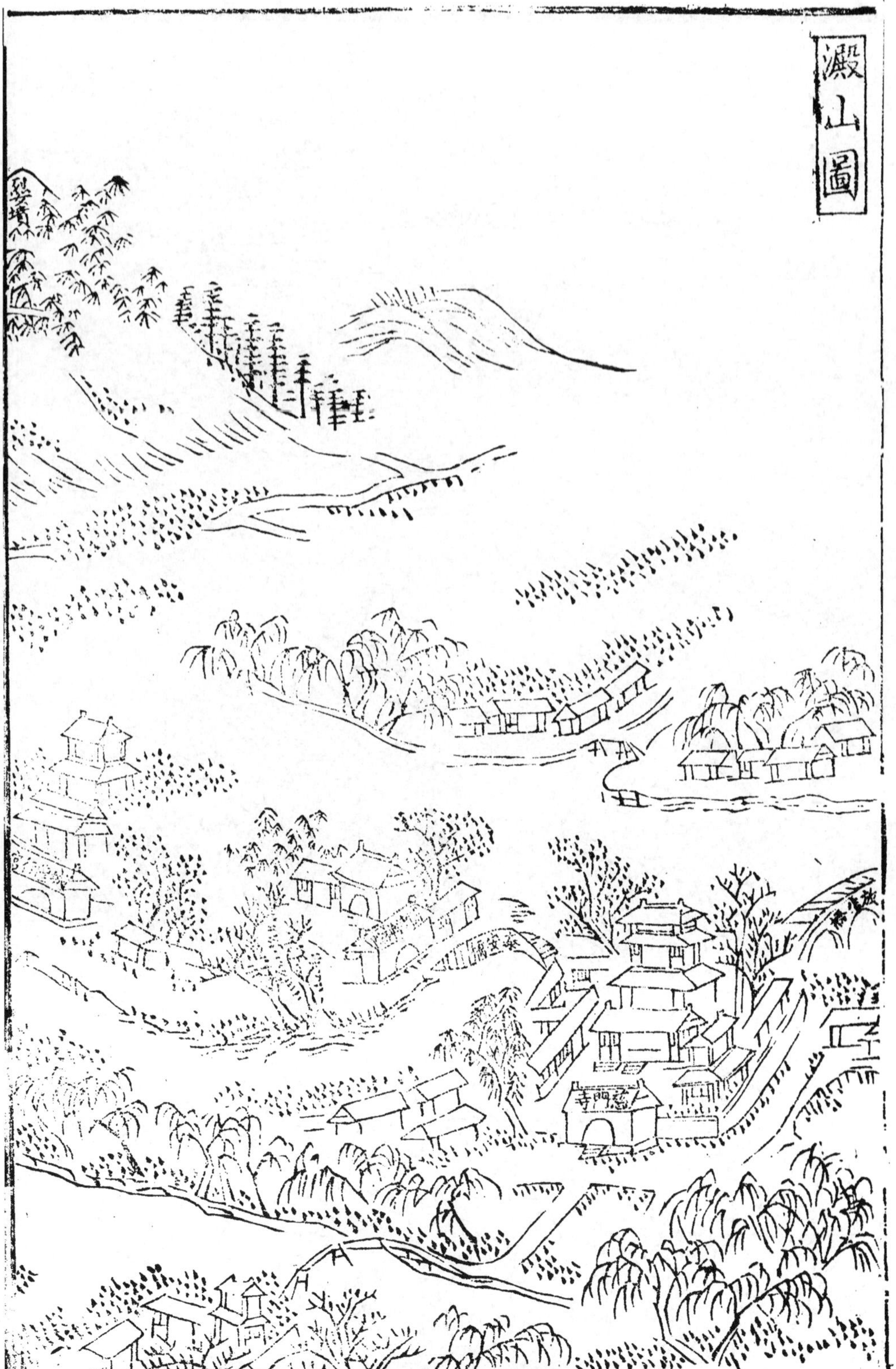
澱山圖
慈門寺

淀山湖图 / 选自乾隆《重修青浦县志》

澱山湖圖
許澱湖
石塘

吴淞江图 / 选自乾隆《重修青浦县志》

吳淞江圖
黃浦江
黃渡汛
封家浜
舊閘
新閘
青龍寺
黃浦江

莲湖图 / 选自乾隆《重修青浦县志》

蓮湖圖
瓢湖
小蓮湖
金澤塘
闖路港
東陳
北泖

三泖图 / 选自乾隆《重修青浦县志》

三泖圖
淀山

集仙宫图 / 选自嘉庆《嘉定县志》

集仙宮圖
玉皇
忠顯王殿
東嶽殿
三茅殿
山

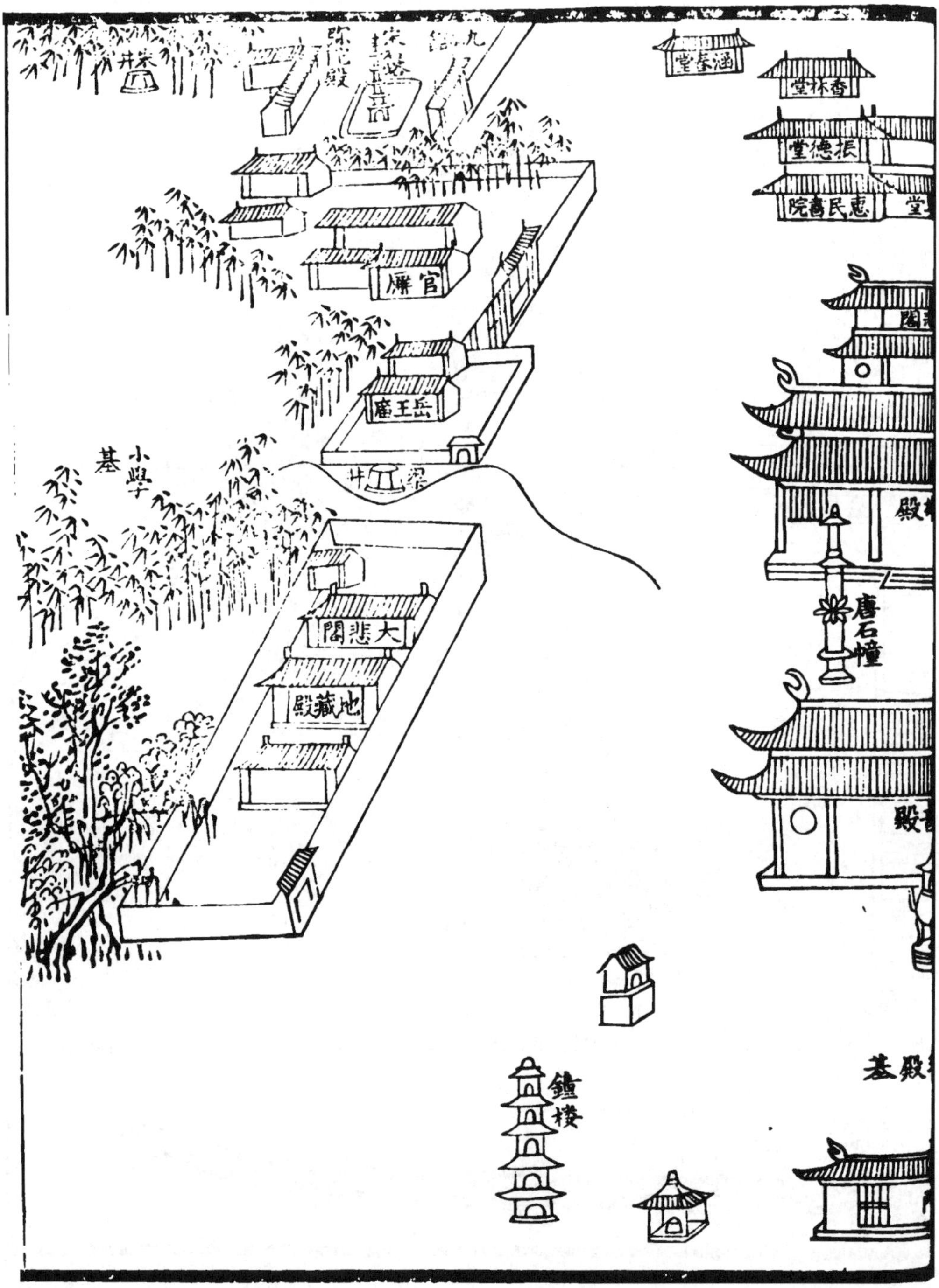

云翔寺图 / 选自嘉庆《嘉定县志》

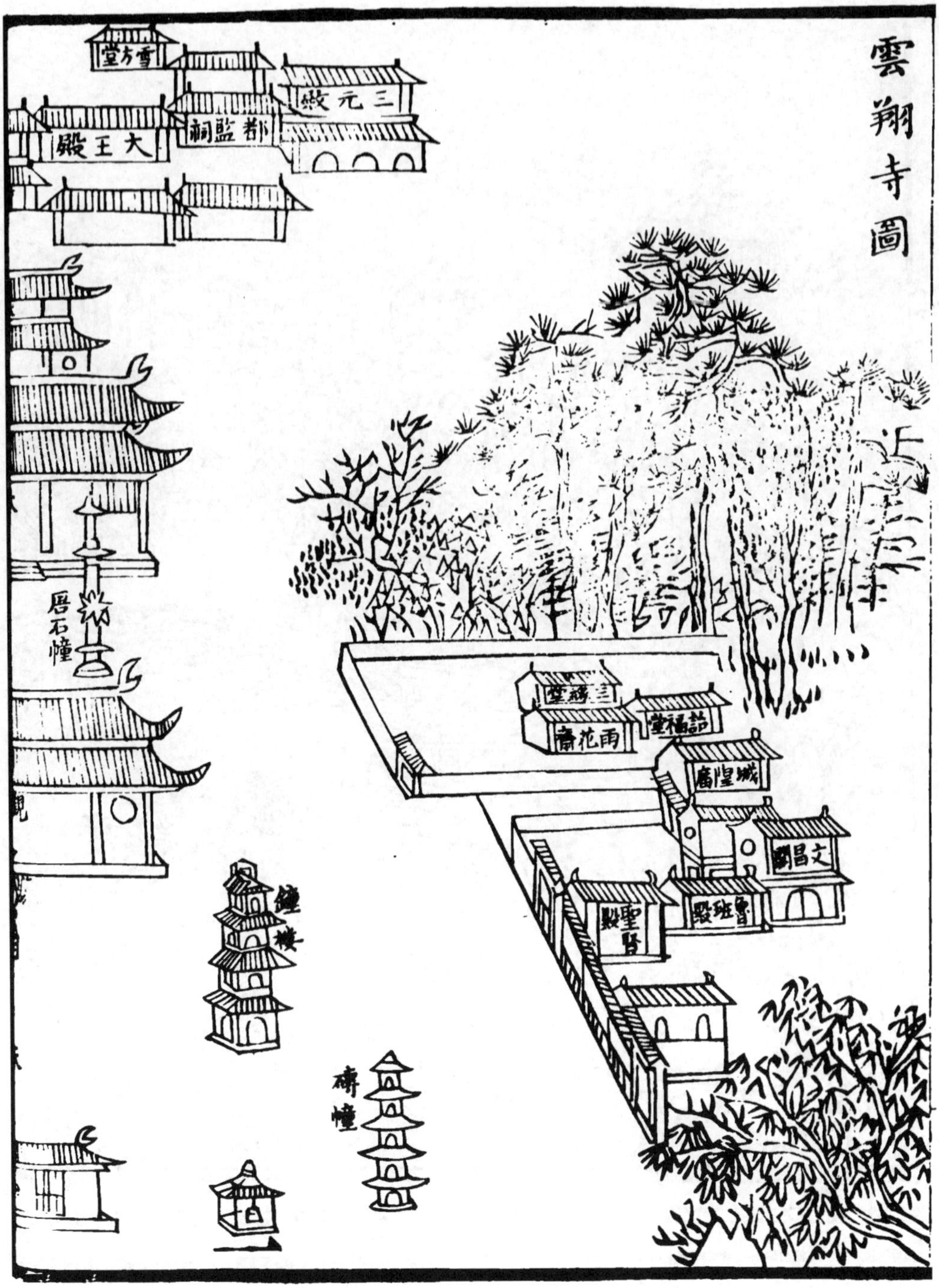
雲翔寺圖
雪方堂
三元殿
都監祠
大王殿
唐石幢
鐘樓
磚幢
三穗堂
雨花齋
詒福堂
城隍廟
文昌閣
魯班殿
聖賢殿

古猗园图 / 选自嘉庆《嘉定县志》

古猗園圖
柳帶軒
荷風竹露
不繫舟
合在瑤臺

西园图 / 选自嘉庆《嘉定县志》

西園圖

小山堂图 / 选自嘉庆《嘉定县志》

小山堂圖
拜石齋

藤花别墅图 / 选自嘉庆《嘉定县志》

藤花别墅圖
香滿樓

平芜馆图 / 选自嘉庆《嘉定县志》

平蕪館圖

庙学图 / 选自光绪《宝山县志》

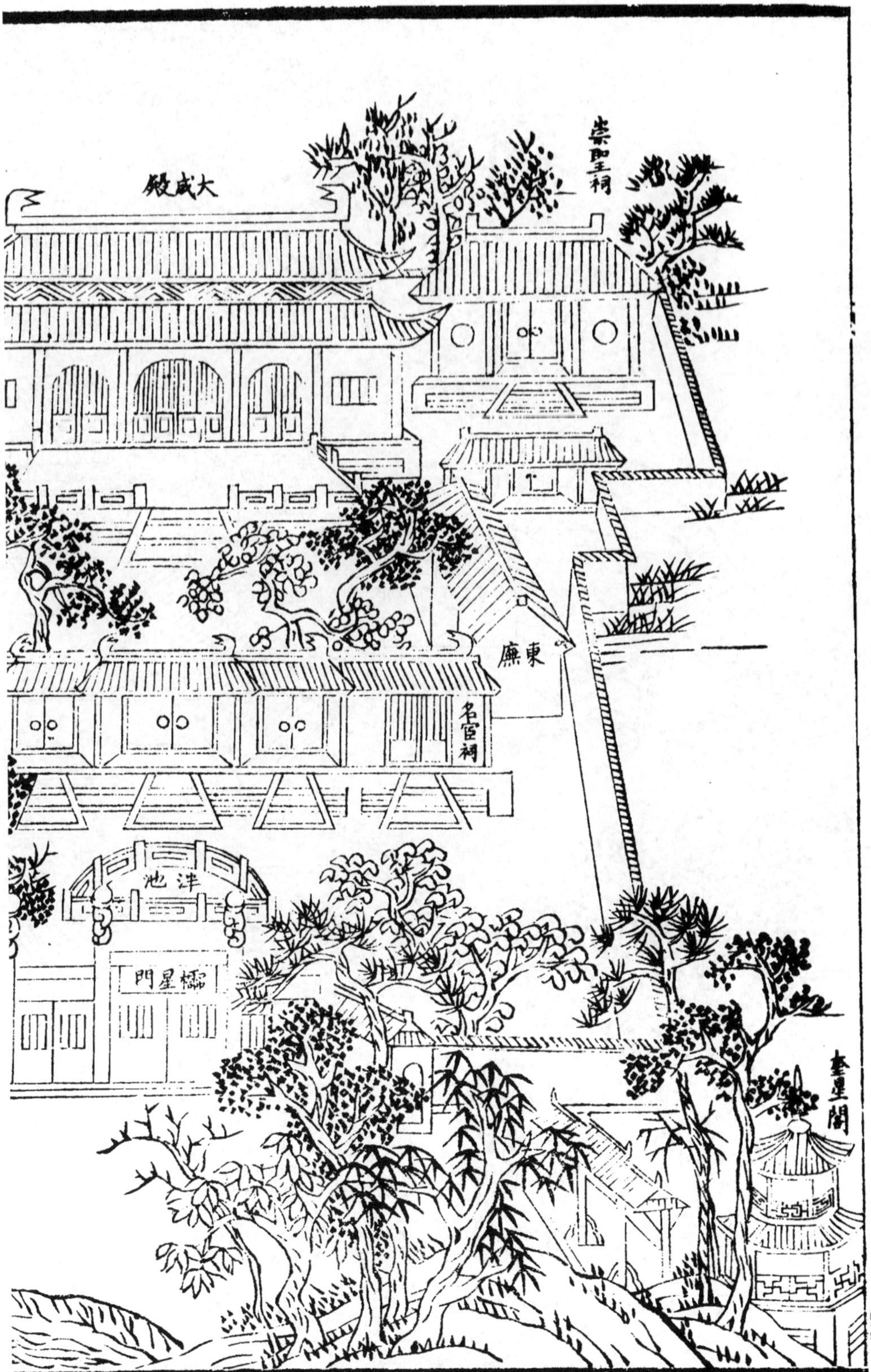
大成殿
崇聖祠
東廡
名宦祠
泮池
欞星門
奎星閣

学海书院图 / 选自光绪《宝山县志》

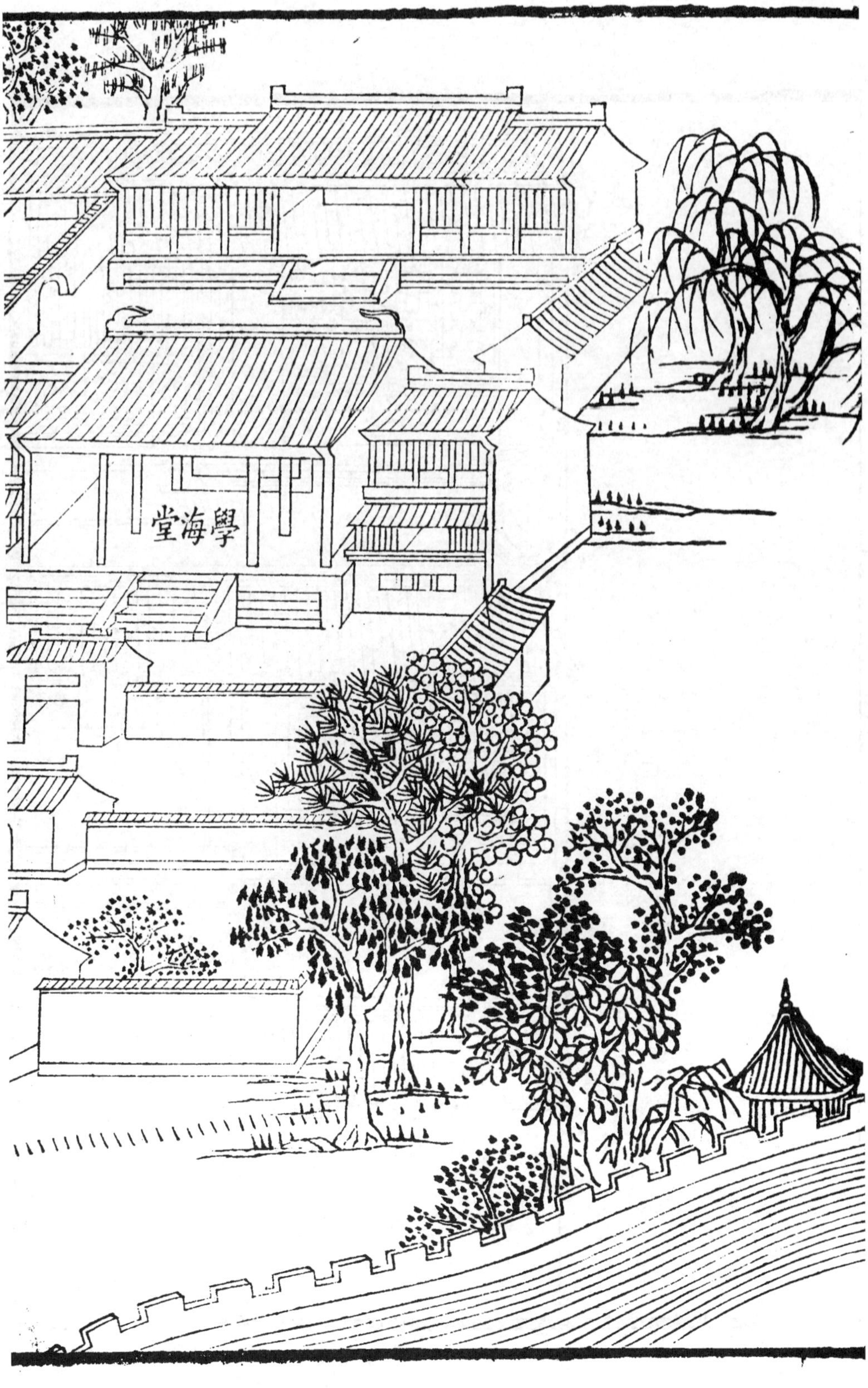
學海堂

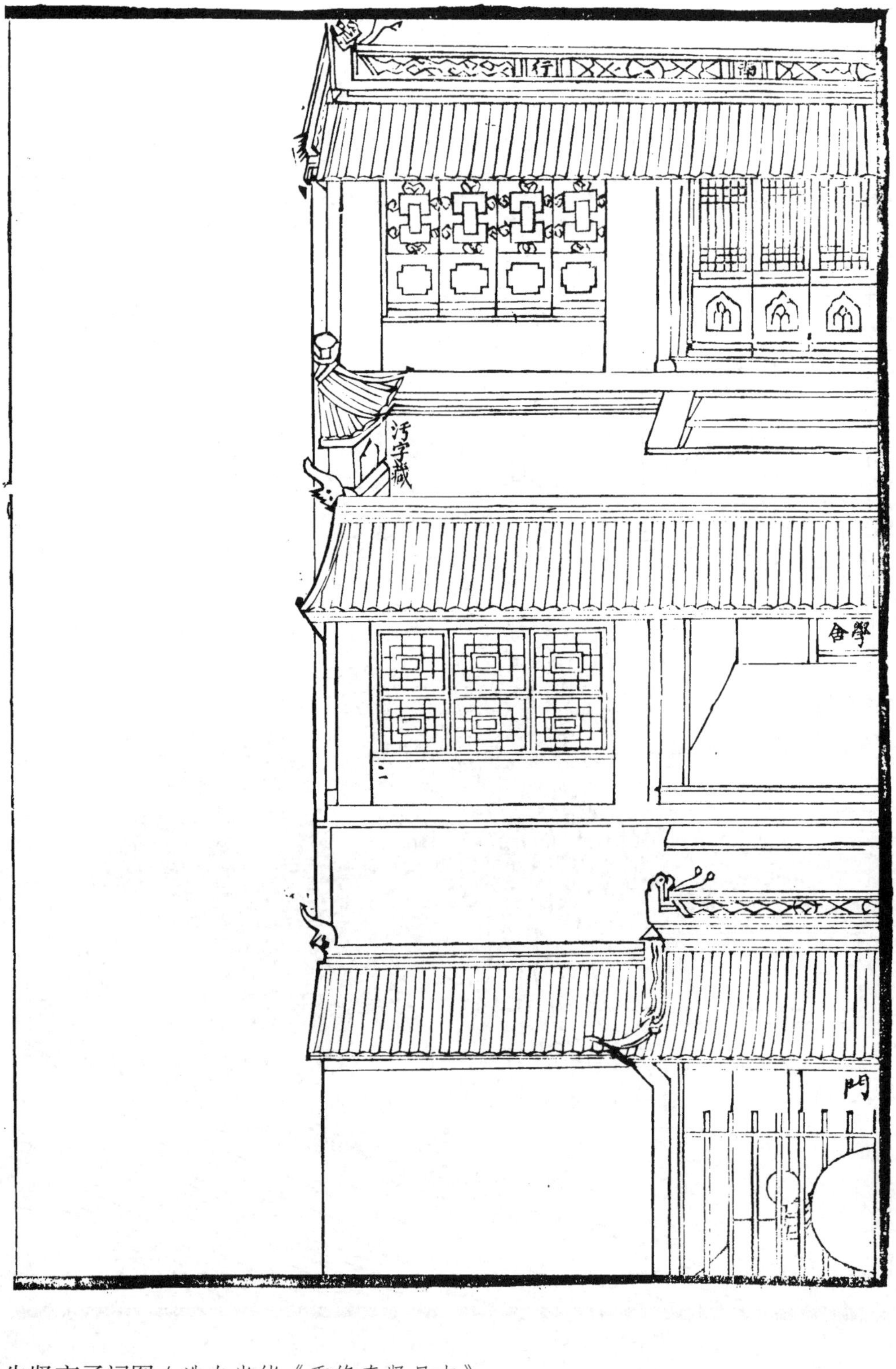

先贤言子祠图／选自光绪《重修奉贤县志》

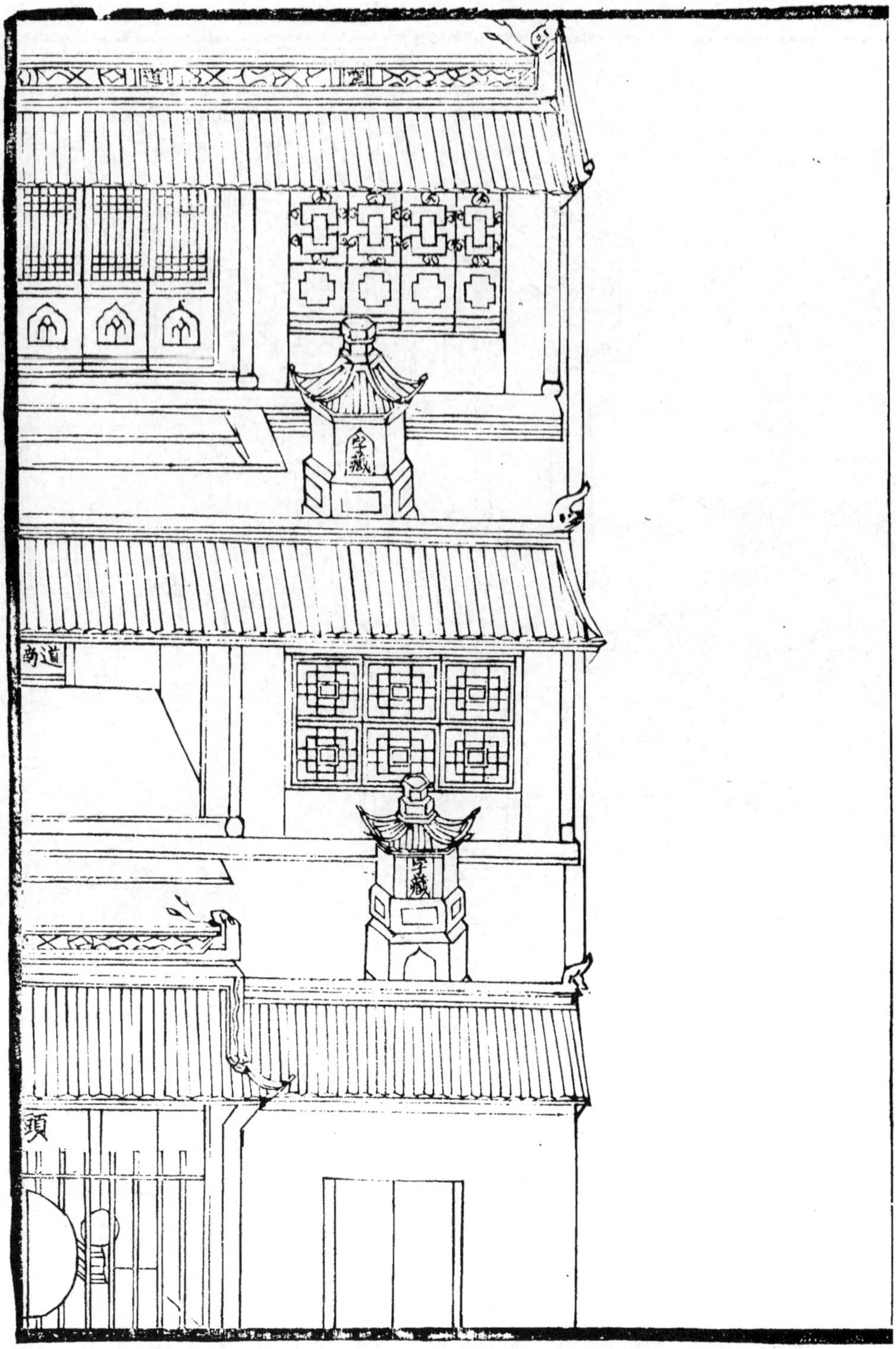
字藏
道
字藏
頭

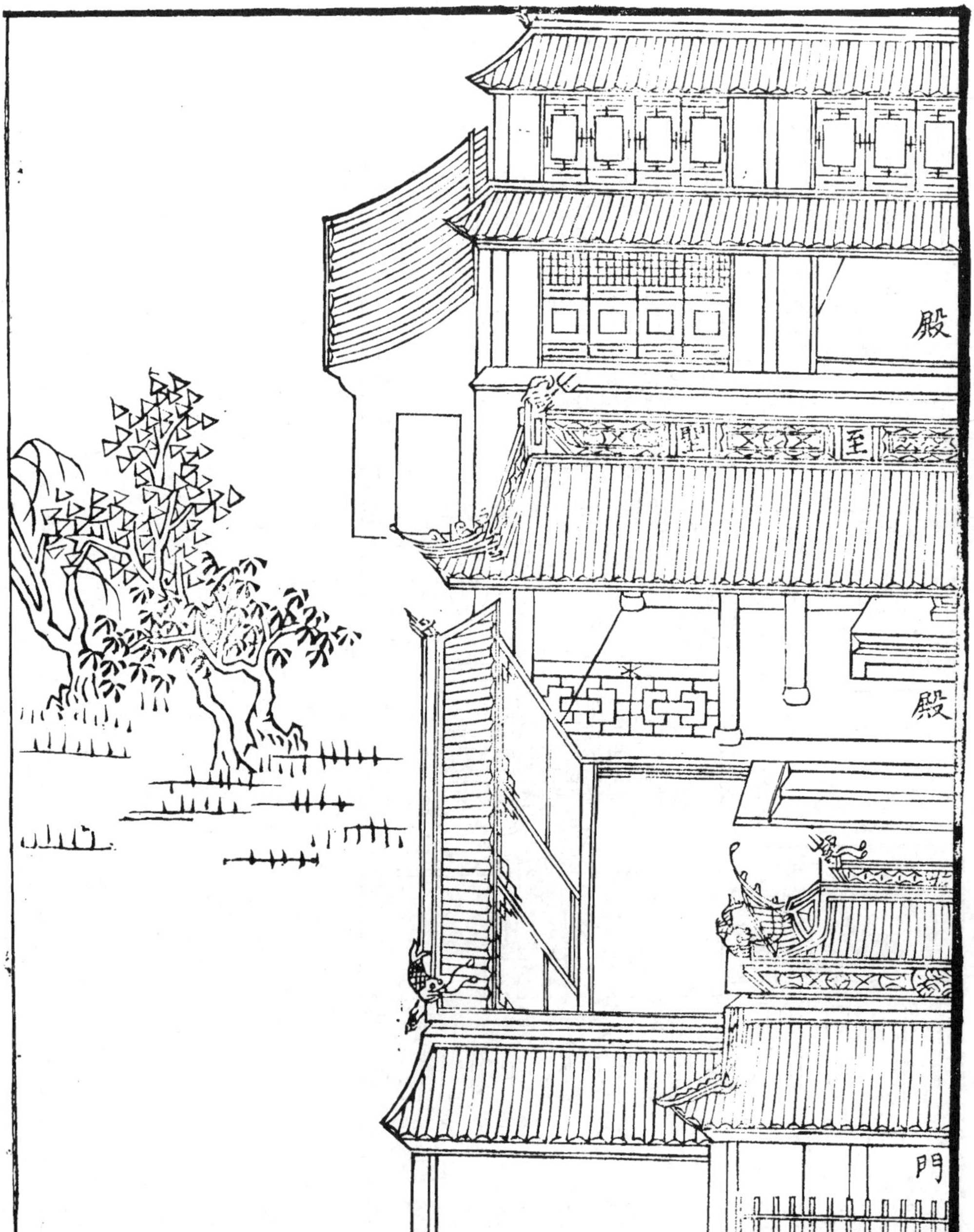

武庙图 / 选自光绪《重修奉贤县志》

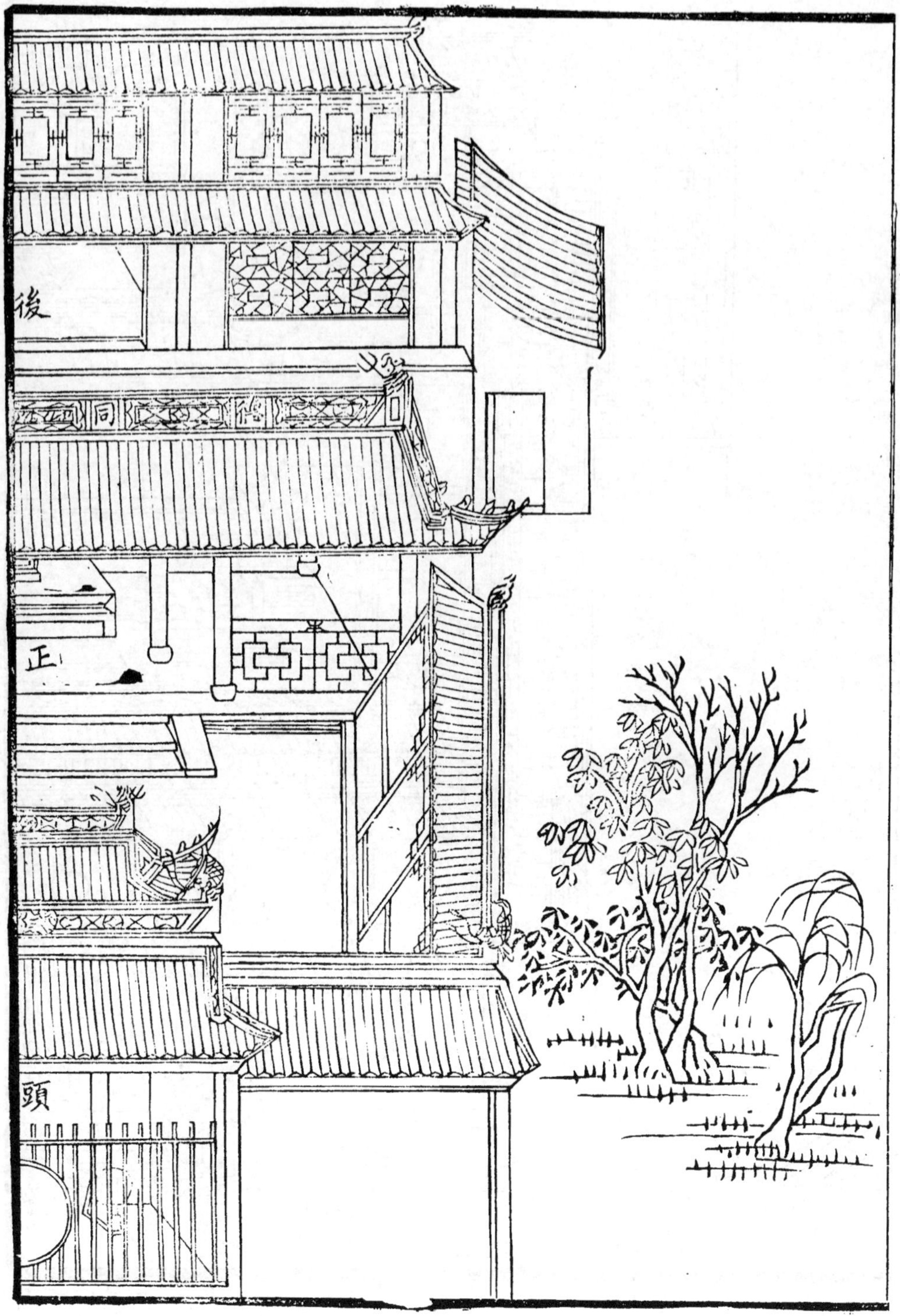
後
正
頭

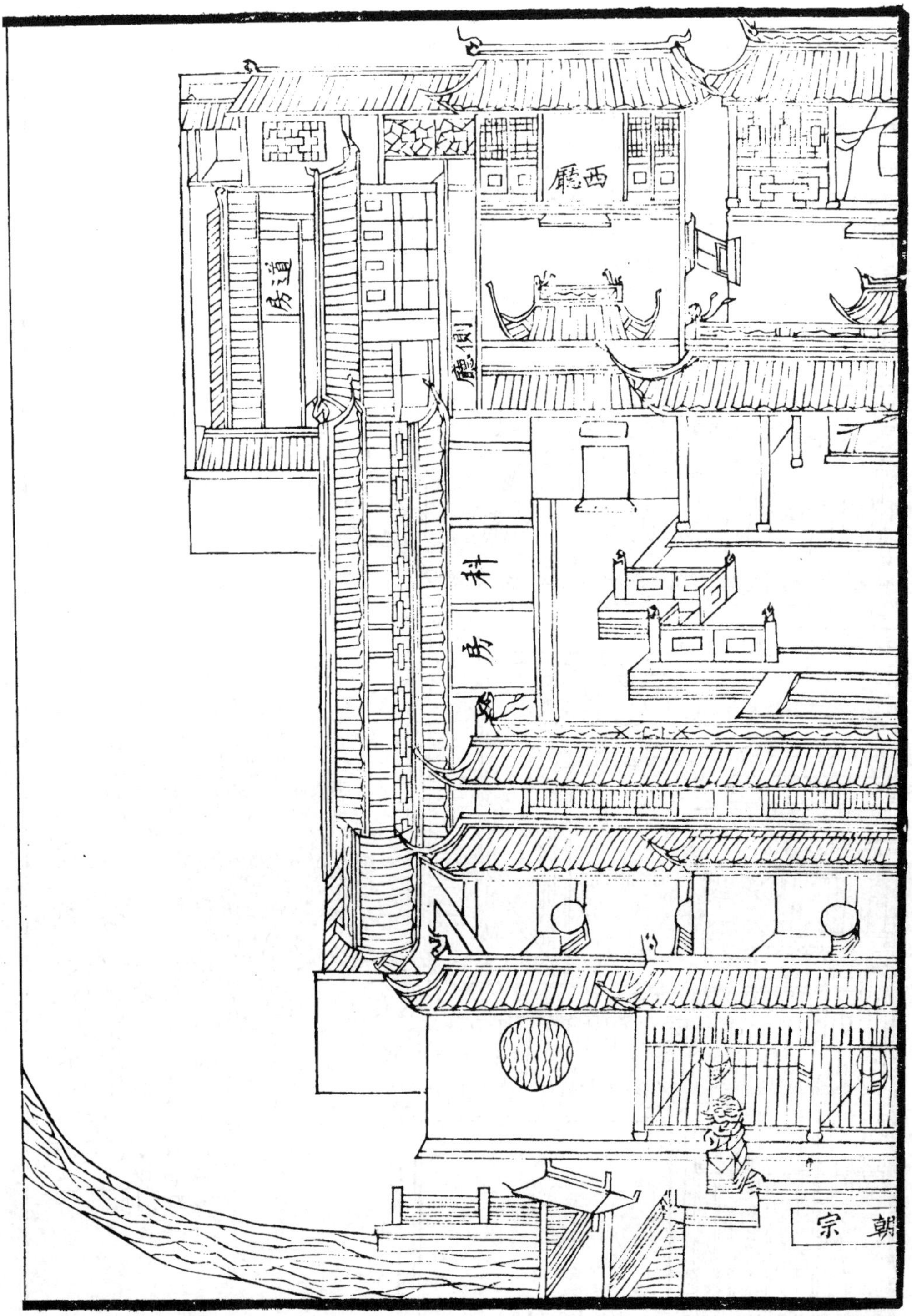

城隍庙图 / 选自光绪《重修奉贤县志》

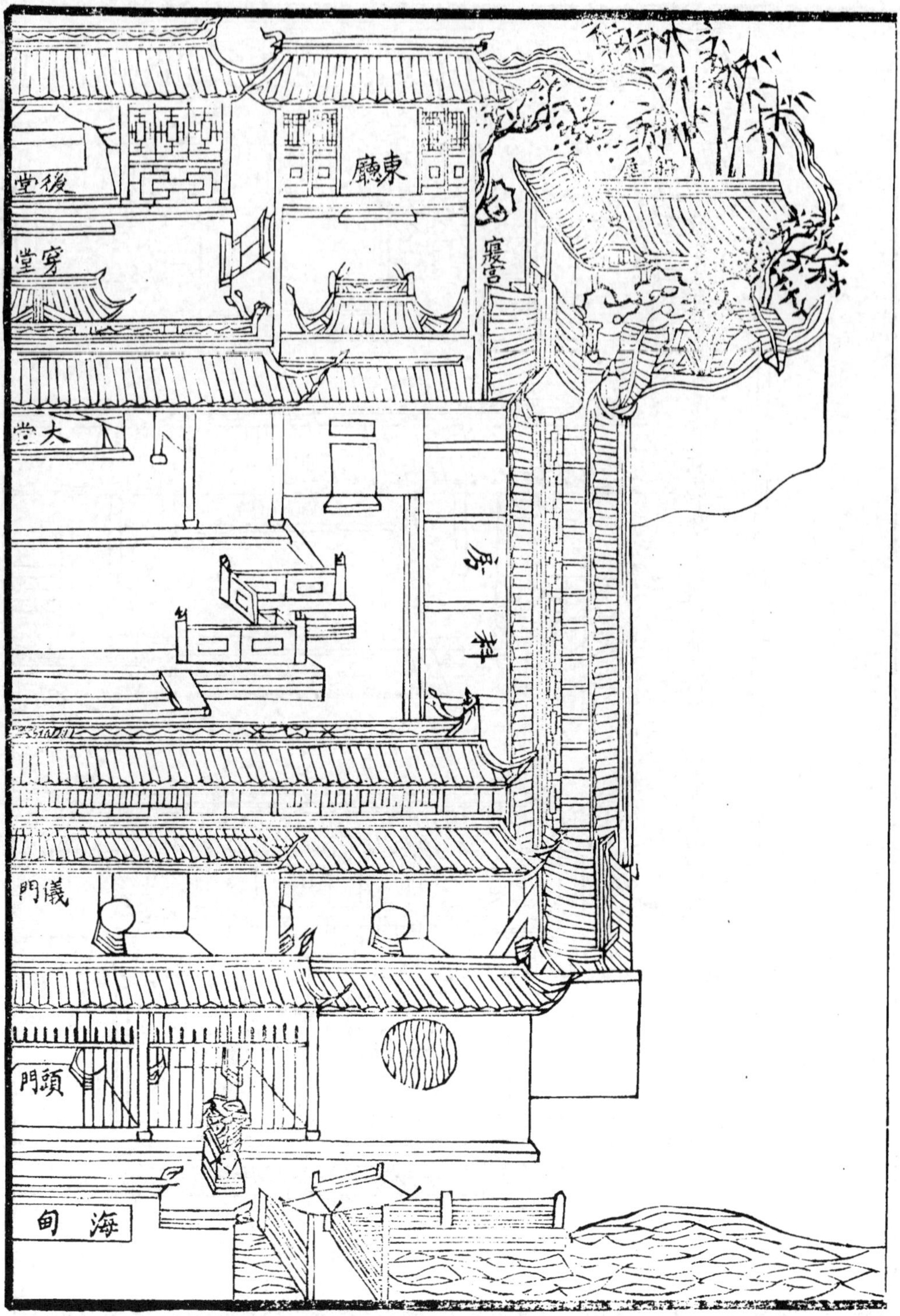
後堂
東廳
穿堂
寢宮
儀門
頭門
海甸

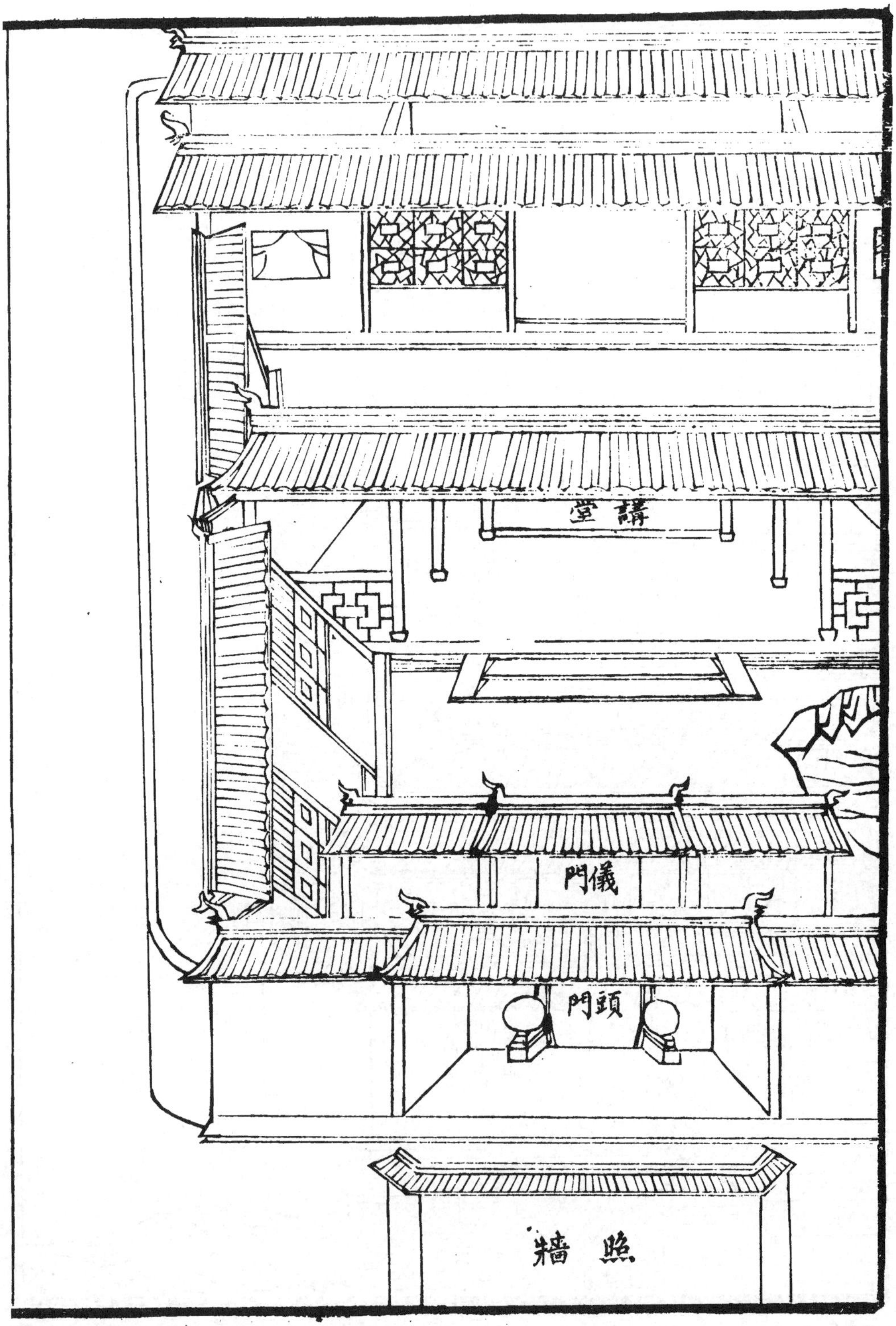

肇文书院图 / 选自光绪《重修奉贤县志》

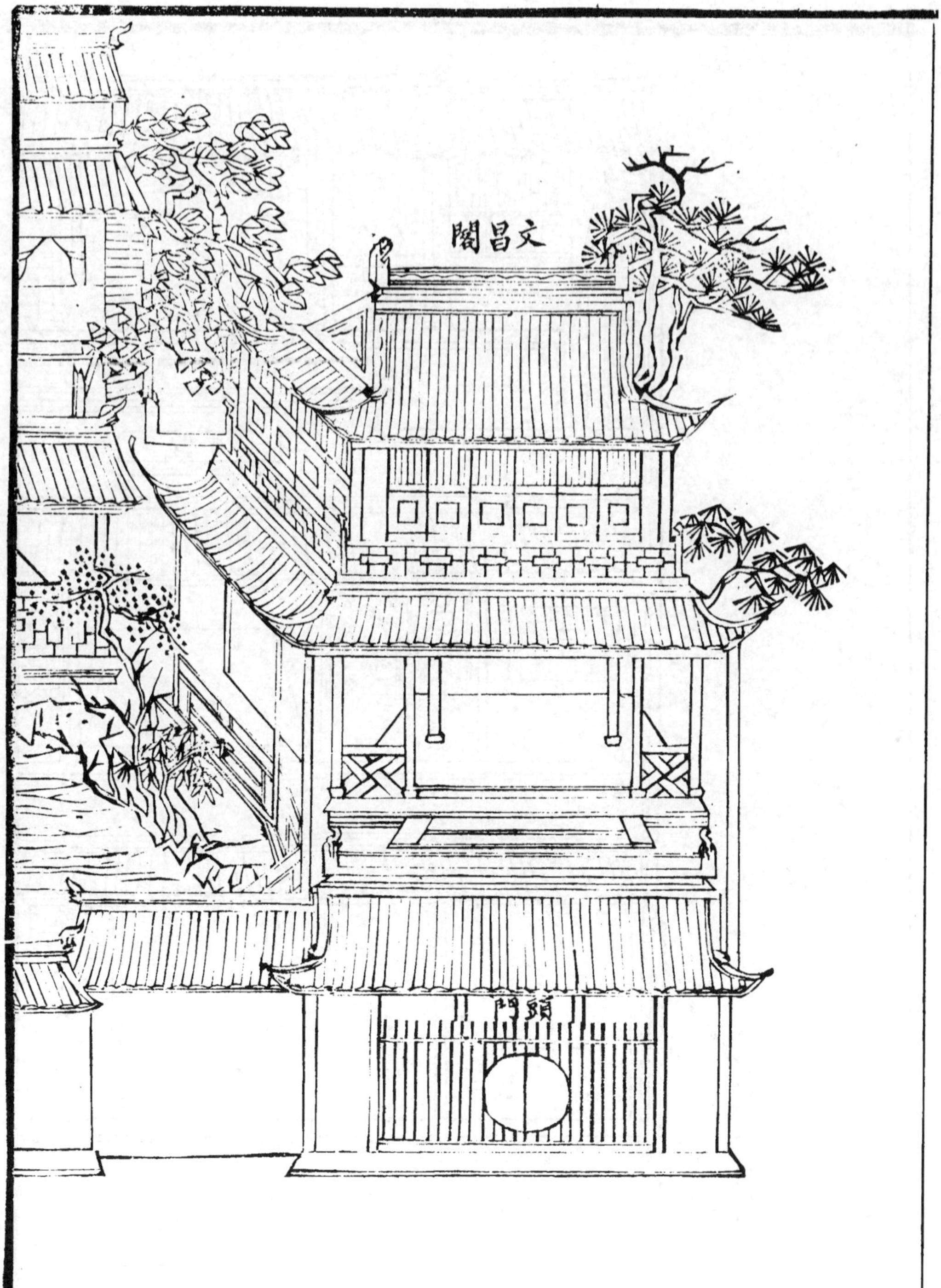
文昌閣
頭門

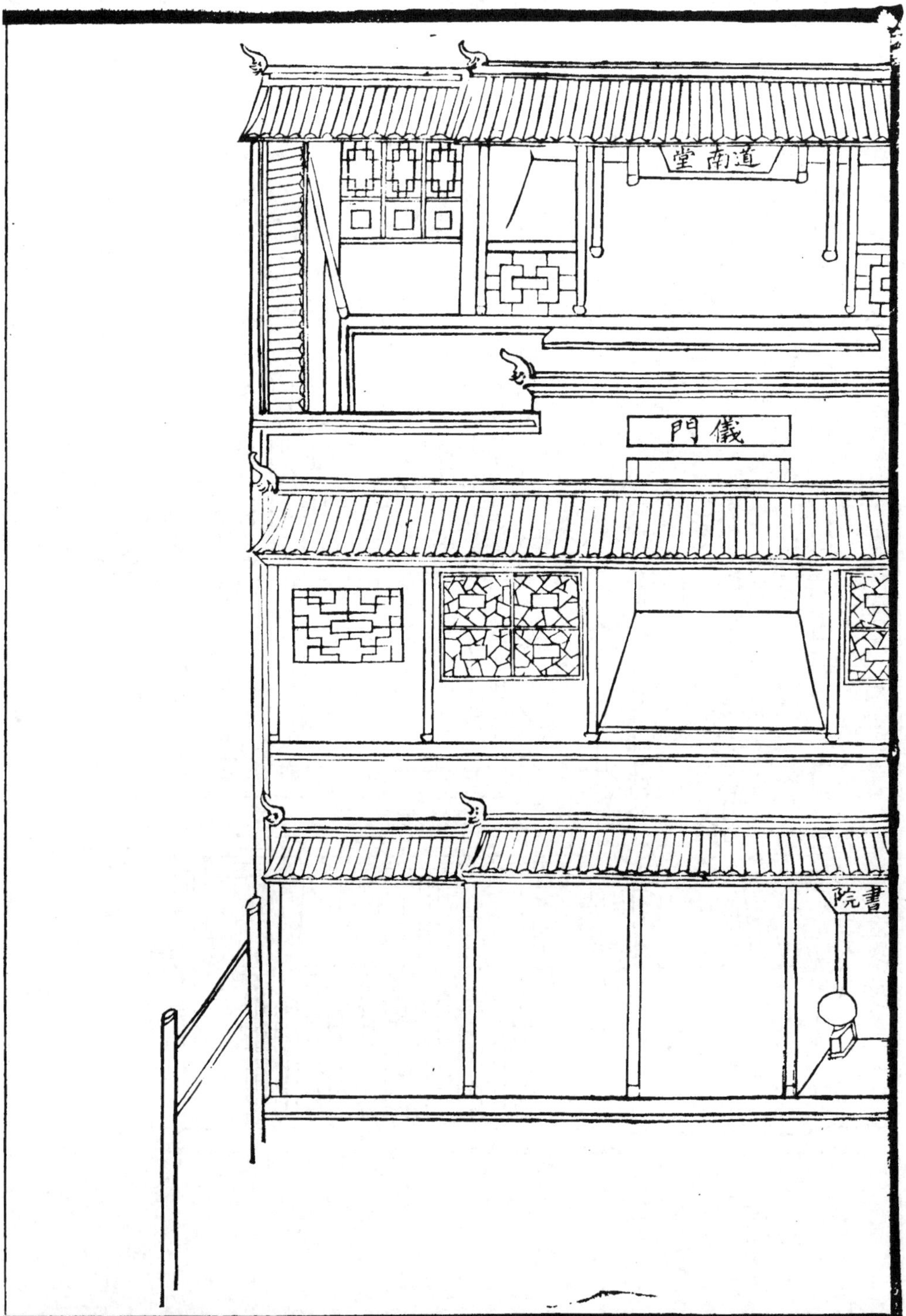

文游书院图 / 选自光绪《重修奉贤县志》

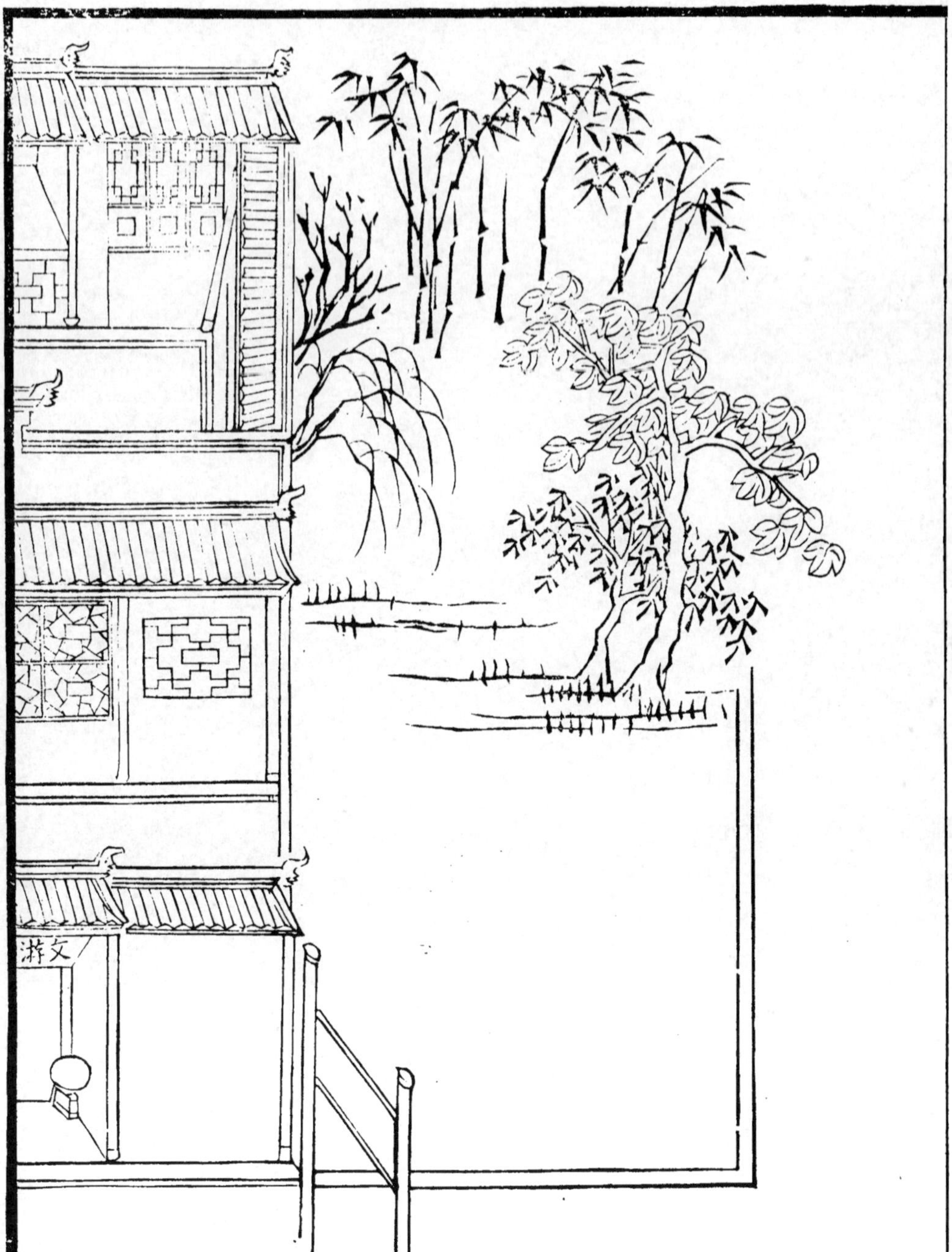
文游

杭州

天竺山图 / 选自《杭州上天竺讲寺志》

天竺山圖
行春橋
一松亭

天竺山图 / 选自《杭州上天竺讲寺志》

飛來峰
寺慶集

天竺山图 / 选自《杭州上天竺讲寺志》

中天竺
見心亭
蘭儀亭
上天竺

天竺山图 / 选自《杭州上天竺讲寺志》

中印峰
藏經閣
白雲堂
禪堂
觀音殿
炉亭
乳竇峰
韋馱石

钱塘江图 / 选自康熙《浙江通志》

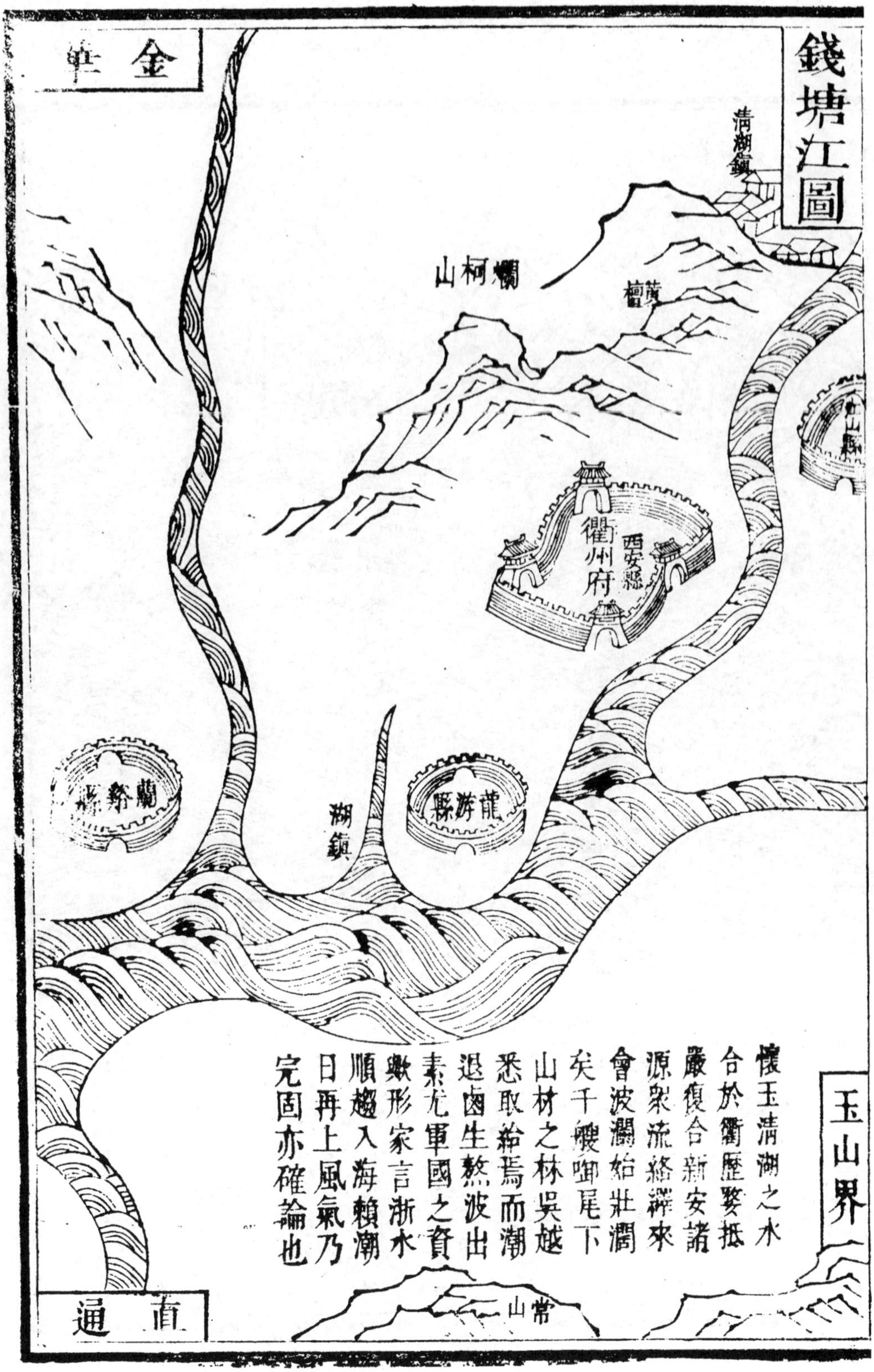
錢塘江圖
金华
清湖鎮
爛柯山
黃檀
衢州府
西安縣
江山縣
蘭谿縣
龍游縣
湖鎮
玉山界
常山
直通
懷玉清湖之水
合於衢歷婺抵
嚴復合新安諸
源衆流絡繹來
會波瀾始壯濶
矣千艘啣尾下
山材之林吳越
悉取給焉而潮
退鹵生熬波出
素尤軍國之資
歟形家言浙水
順趨入海賴潮
日再上風氣乃
完固亦確論也

钱塘江图 / 选自雍正《浙江通志》

錢塘江圖
西興關

西湖图/选自康熙《浙江通志》

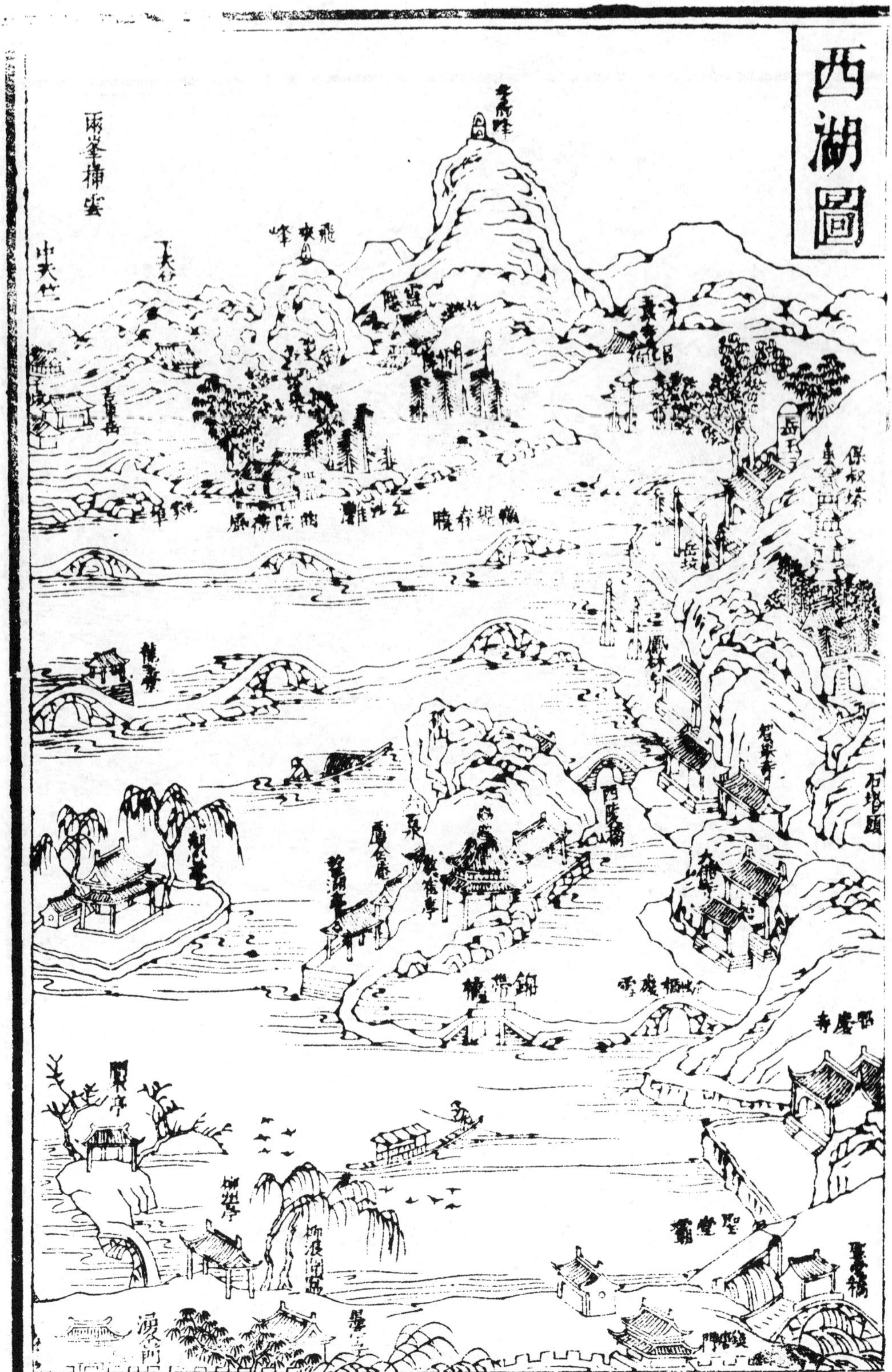
西湖圖
保叔塔
西陵橋
錦帶橋
岳王

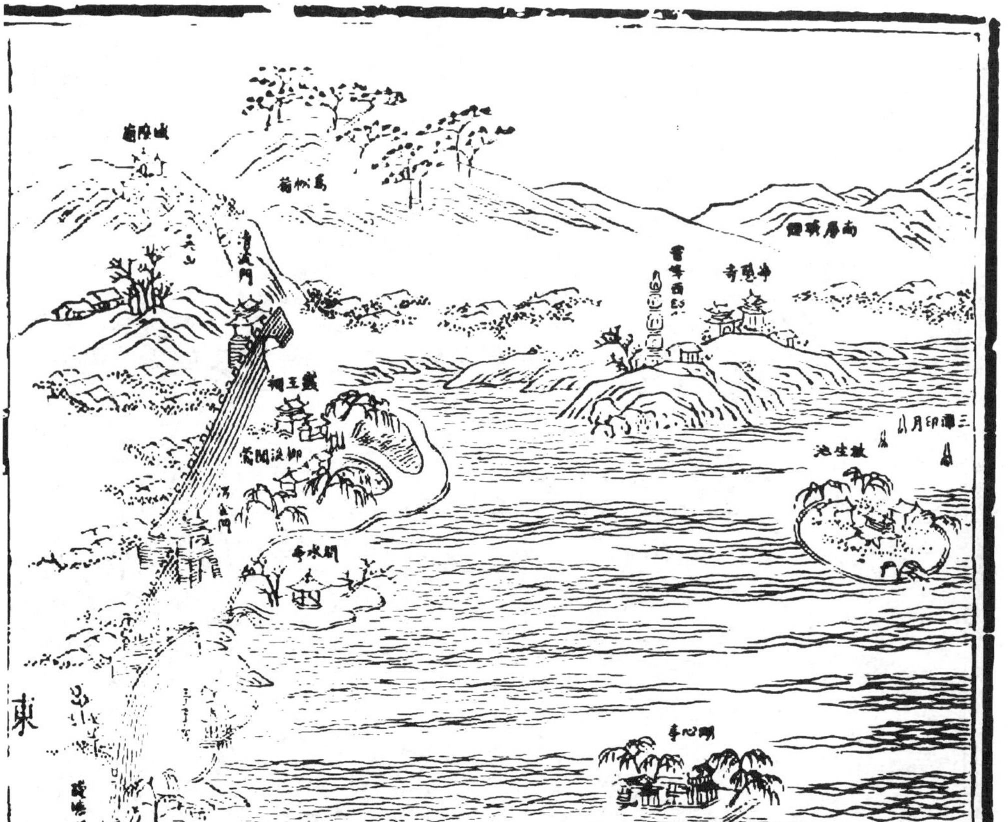

西湖图 / 选自雍正《浙江通志》

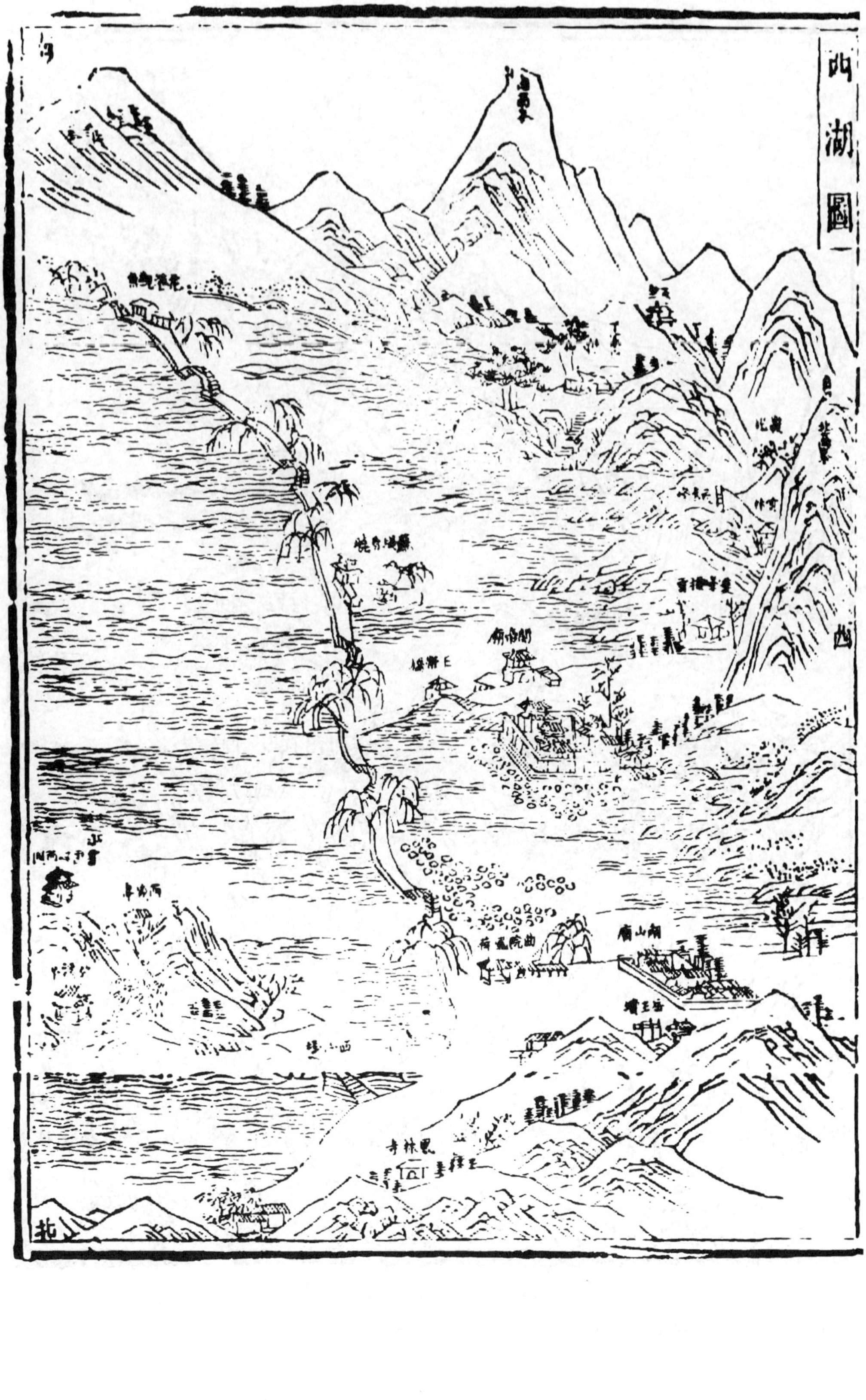
西湖圖

天目山图 / 选自雍正《浙江通志》

天目山圖

天目山图 / 选自同治《湖州府志》

天目山圖
高湖菴
天津
翔鳳嶺
大佛殿
雷洞
龍門
上觀音岩
如斯亭
東塢菴
倚峯岩
紫霞居
褒忠寺

天目山图 / 选自同治《孝丰县志》

天目山圖
仙頂
分經臺
天門
白雲窩
天下奇觀
西天目山
萬壽宮
勅賜禪源寺
獅子岩
玉柱峯
大佛寺
柱菴
斷岩塔
東幻住
觀音岩
觀瀑亭
仰止亭
半山橋
香爐峯
金門菴
雙清莊
洗眼池
昭明菴
花橋
啟敬亭

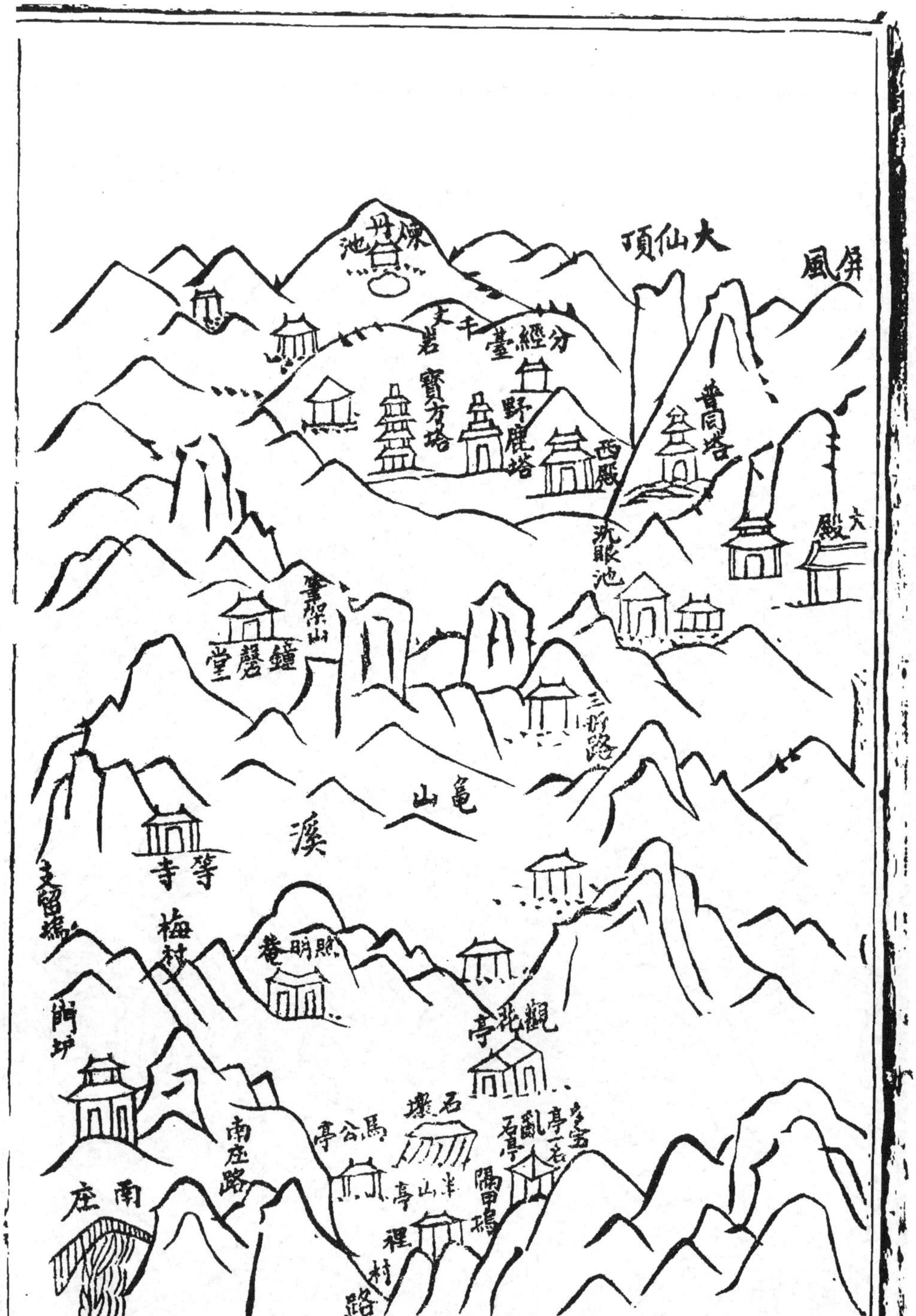

天目山图 / 选自宣统《临安县志》

天目山圖
寶珠峯
龍鬚山
孝豐縣界
浮玉池
平溪菴
子南山
黃洞
黑駒菴
五峯菴
夜光臺
龍潭
鋸学山
鐘樓峯
龍潭
龍王堂
紫陽洞
飛瀑
子午庄
濵頭
大畈
下陽
董溪

武林山图 / 选自雍正《浙江通志》

杭州

圣因寺图 / 选自雍正《浙江通志》

聖因寺圖

关帝庙图 / 选自雍正《浙江通志》

關帝廟圖

洞霄宫图 / 选自宣统《临安县志》

洞霄宮圖

径山图 / 选自宣统《临安县志》

徑山圖
東至瓶窑錢塘界
仰天岩
鷹窠石
天遥塔
大人峯
屏大
妙香菴
龍井
晏坐峯
浮石菴
放生池
观音殿
鐘山
鐘樓
御碑亭
洗砚池
祖隣菴
香雲
羅漢石
喝石菴
川字石
望江亭
佛聖水
台雲山
龍洞
溪鎮亭
吊橋坑
朝陽峯
獅子峯
潘板橋
半山亭
龍鼻湧
地藏殿
横塢
双溪
直峯
化城寺
大安寺
大慧菴
法雲亭
南至餘杭界
天隱菴
天然菴
祠山廟
彩院
九曲嶺
洞橋亭
慶雲寺
船橋
祠山殿
裏洪
斜坑

大涤山图 / 选自宣统《临安县志》

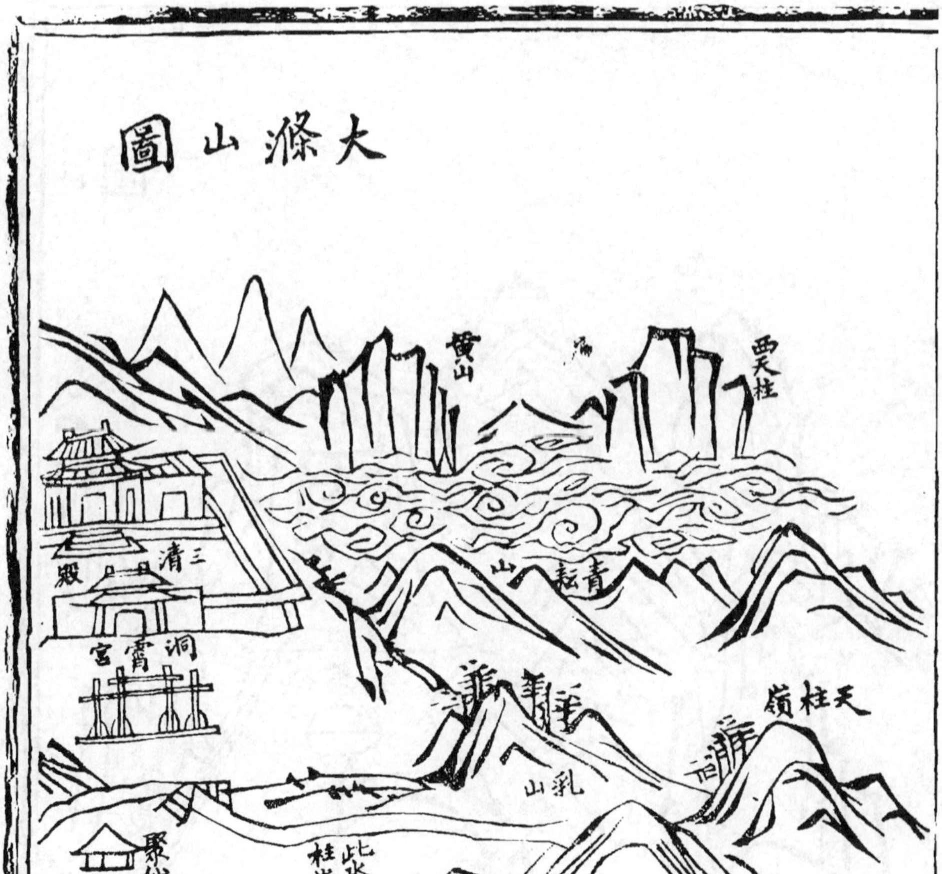
大滌山圖
黄山
西天柱
三清殿
洞霄宮
天柱嶺
乳山
聚仙亭
此水自天柱嶺來
金仙橋
品字池
天下名山
元同橋
洞微
通真
鶴山
姥山
飛鸞

杭州

玲珑山图 / 选自宣统《临安县志》

玲瓏一
玲瓏山
翠玉屏
海峯江月
九州山
振衣亭
三休亭
龍潭
醉眠石
護鳳山
黃潭鎮
流霞

石鉴山图 / 选自宣统《临安县志》

华石山图 / 选自宣统《临安县志》

桐君山图 / 选自乾隆《桐庐县志》

桐君山圖
佛
鐘樓
睢陽
江天佳日
四望亭
別洞天

印渚图 / 选自康熙《於潜县志》

石柱山图 / 选自康熙《於潜县志》

绿筠轩图 / 选自康熙《於潜县志》

岝崿山图 / 选自康熙《於潜县志》

临安山图 / 选自宣统《临安县志》

嘉兴

南湖图 / 选自雍正《浙江通志》

南湖圖
西
北

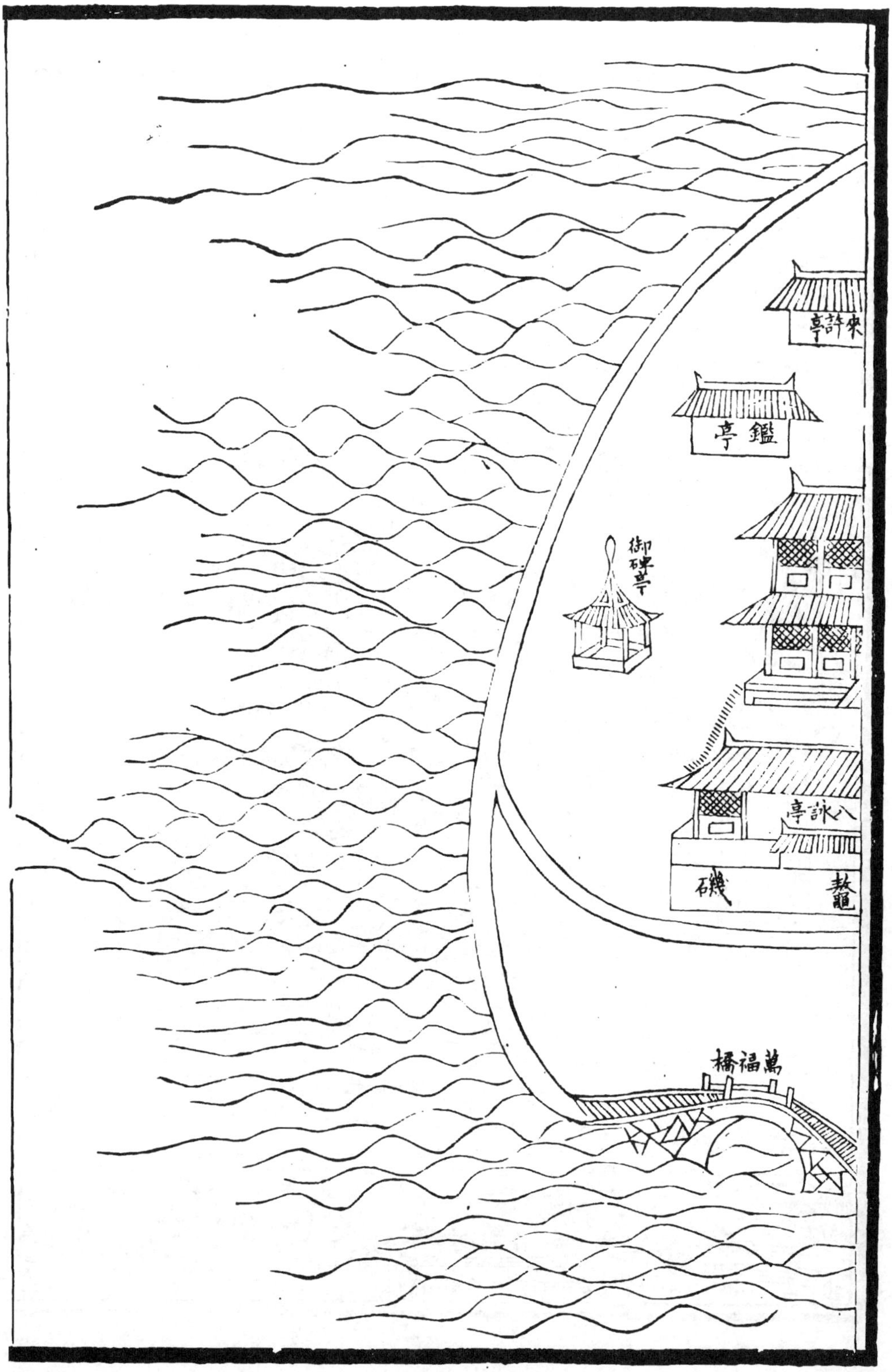

烟雨楼图 / 选自光绪《嘉兴府志》

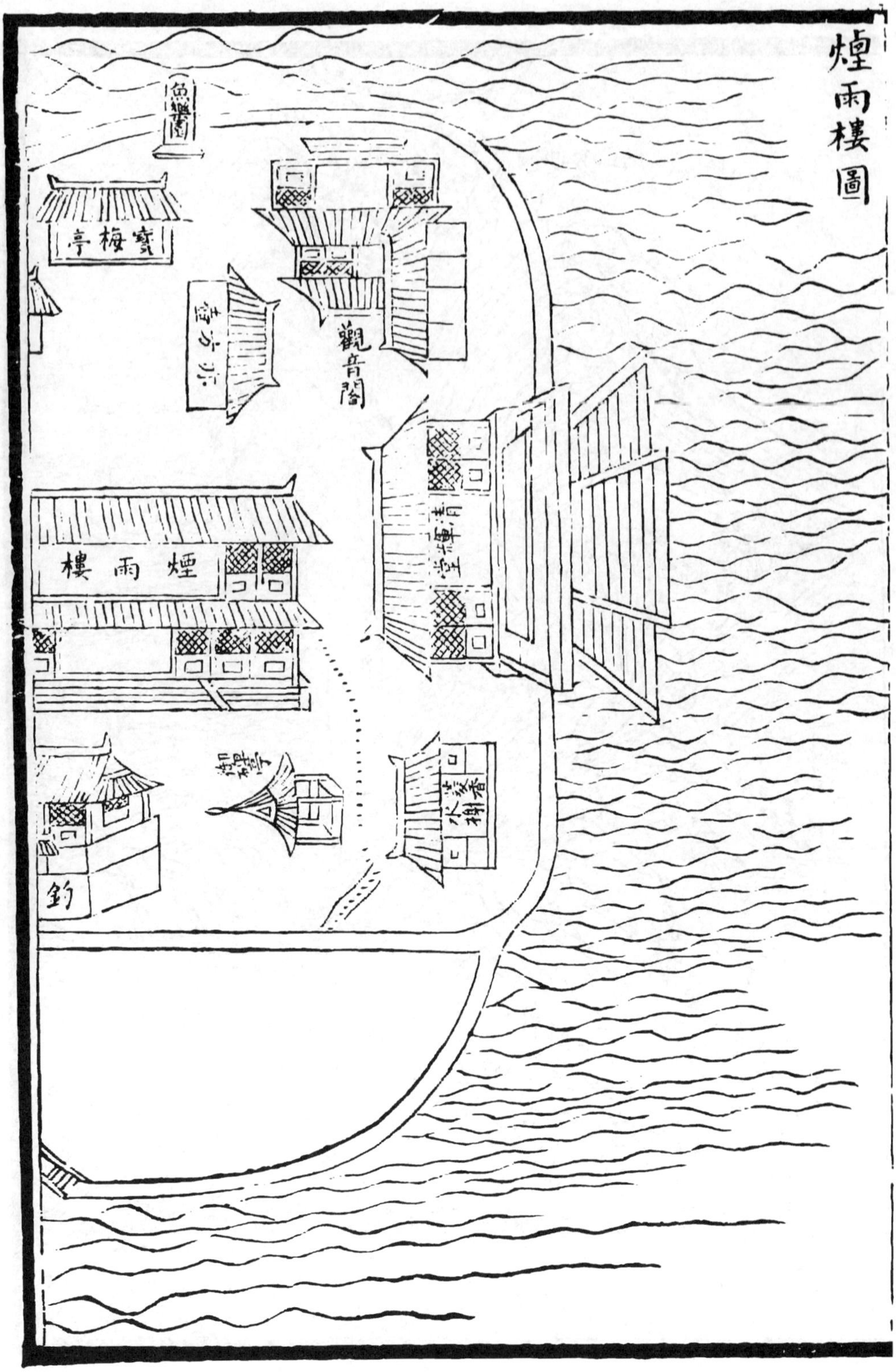
煙雨樓圖
寶梅亭
觀音閣
煙雨樓
釣

永安湖图 / 选自光绪《海盐县志》

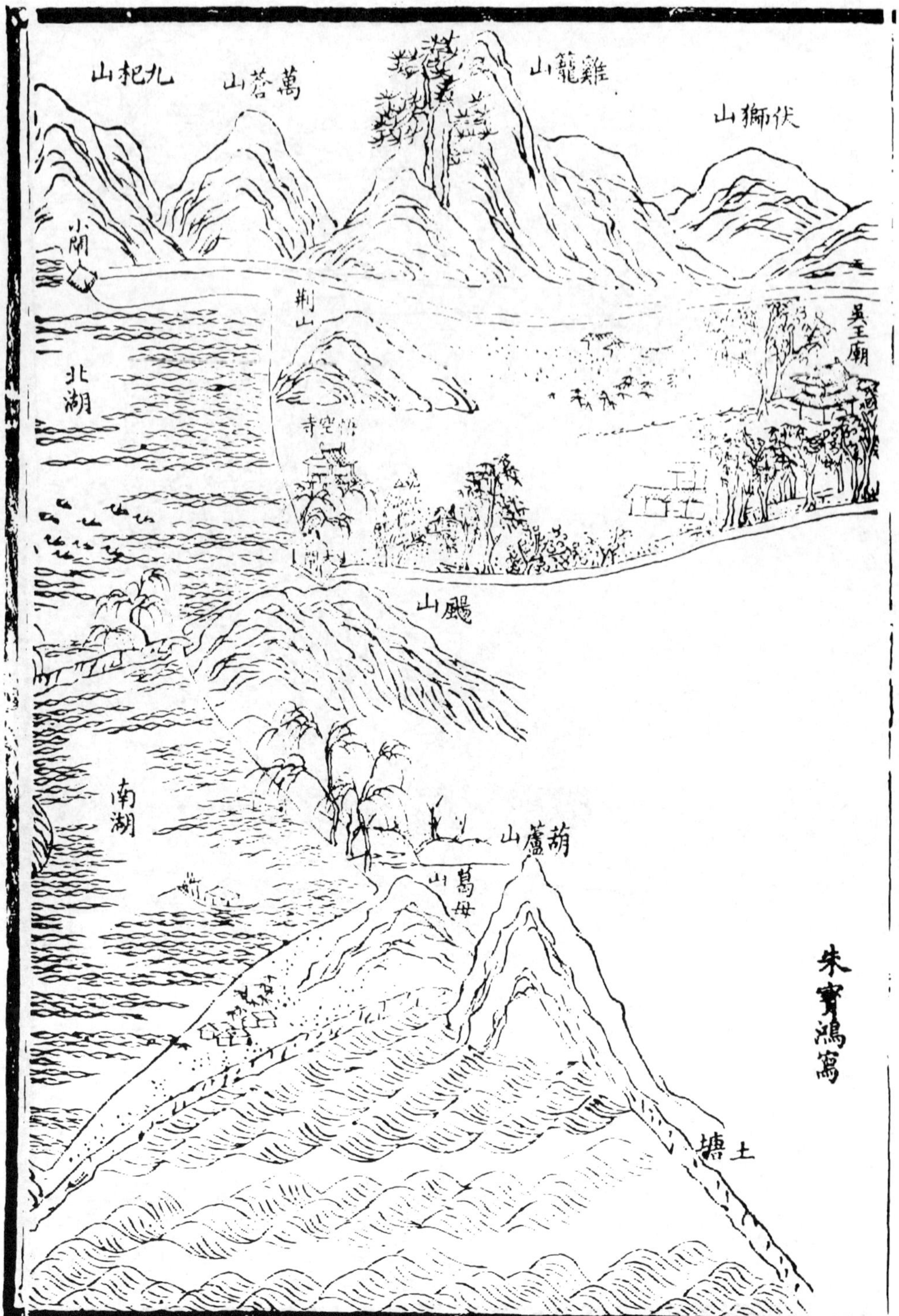
萬蒼山
雞籠山
伏獅山
小閘
荊山
北湖
吳王廟
南湖
葫蘆山
土塘
朱寶鴻寫

蔚文书院图 / 选自光绪《海盐县志》

魁星閣

海神庙图 / 选自雍正《浙江通志》

海神廟圖
道院

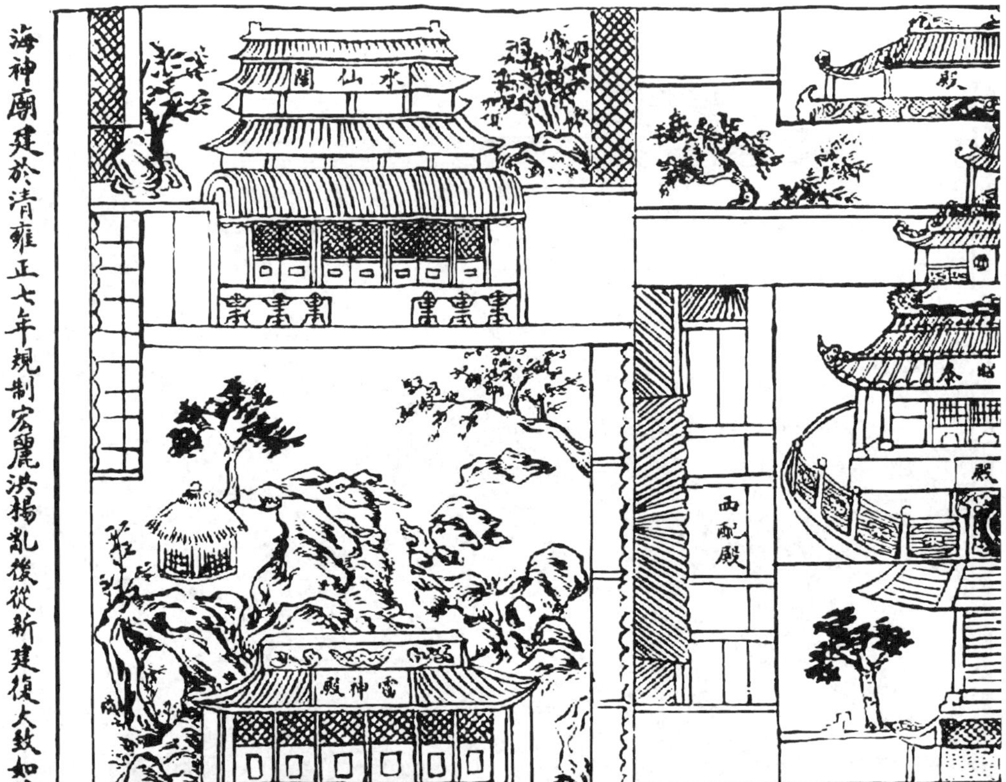

海神庙图 / 选自民国《海宁州志稿》

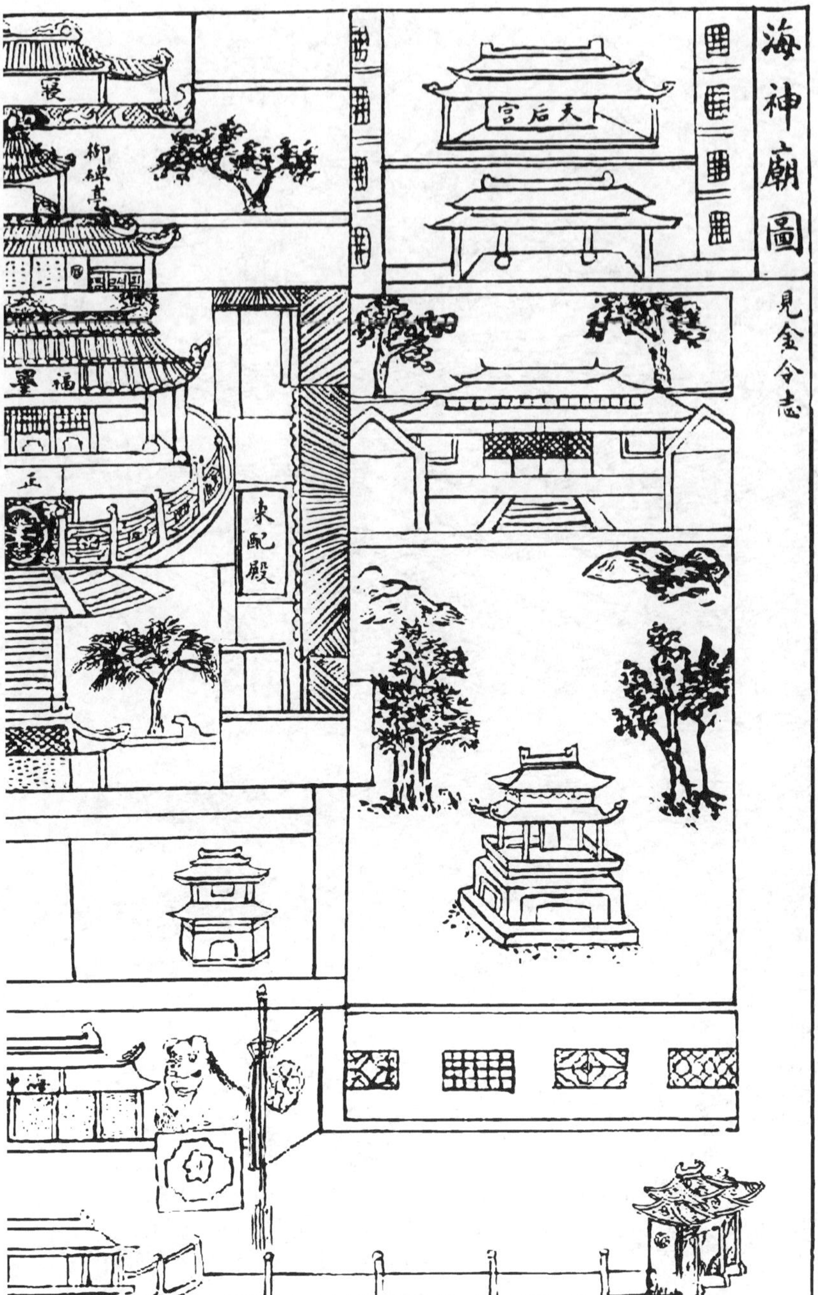
海神廟圖
見金今志
天后宫
御碑亭
寝
福
墨
正
東配殿

太湖图 / 选自雍正《浙江通志》

太湖圖
南
西
北

汾湖图 / 选自光绪《嘉善县志》

胥山图 / 选自光绪《嘉善县志》

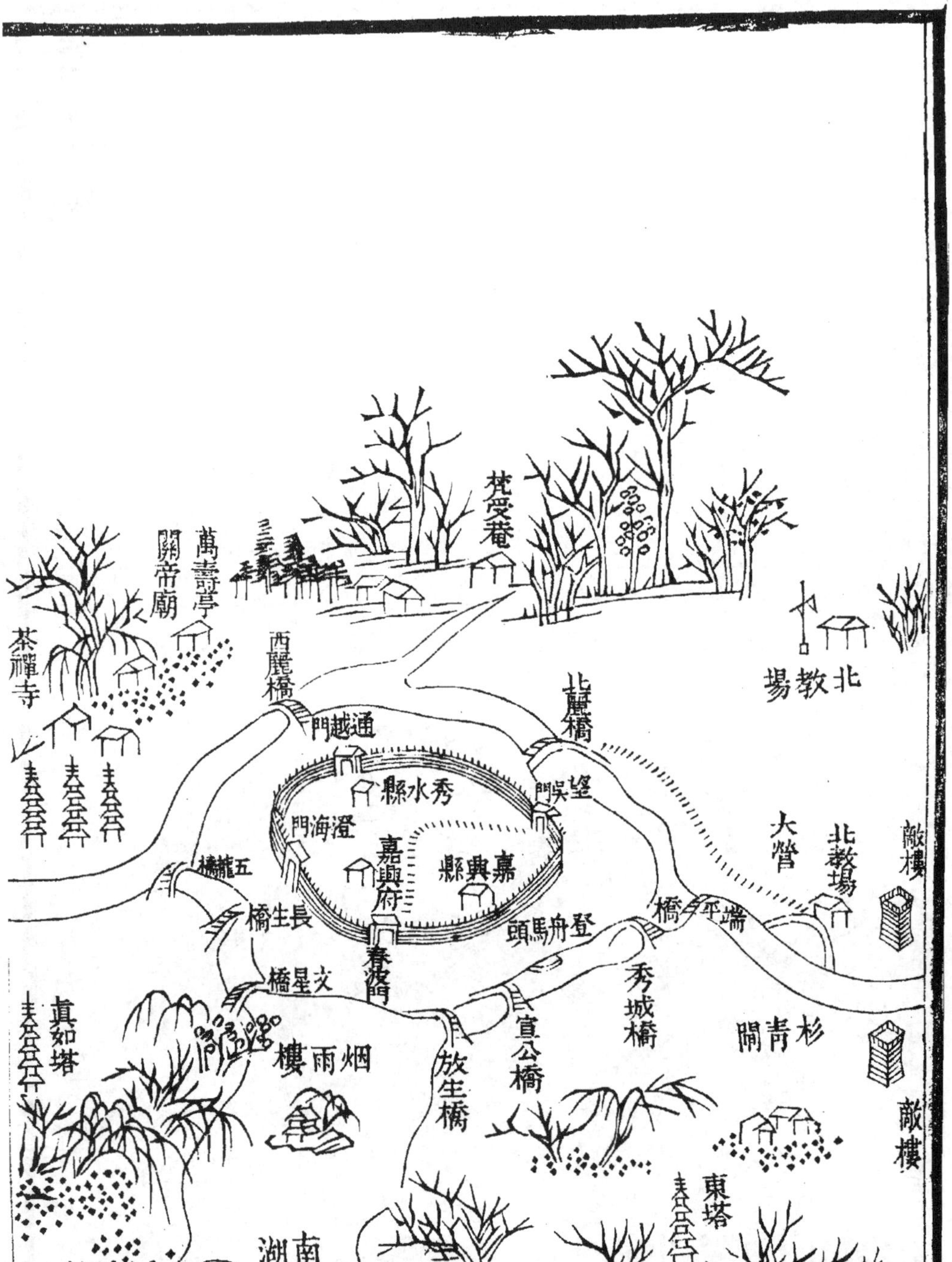

乾隆南巡临幸嘉兴府程站图 / 选自光绪《嘉兴府志》

臨平程站圖

乾隆南巡临幸嘉兴府程站图 / 选自光绪《嘉兴府志》

妙智寺
妙智汛
秀水縣桐鄉縣界
三家橋
陶家村
陡門汛
三過堂
真家涇
萬壽橋
學繡塔
大通橋

石門縣
德清縣界
安樂橋
大通橋
迎薰館
石門縣
小南門
青陽門
登舟馬頭
何家橋
司馬高橋
登岸馬頭
北三里橋
迎恩橋
羔羊橋
羔羊汎
禪院

湖州

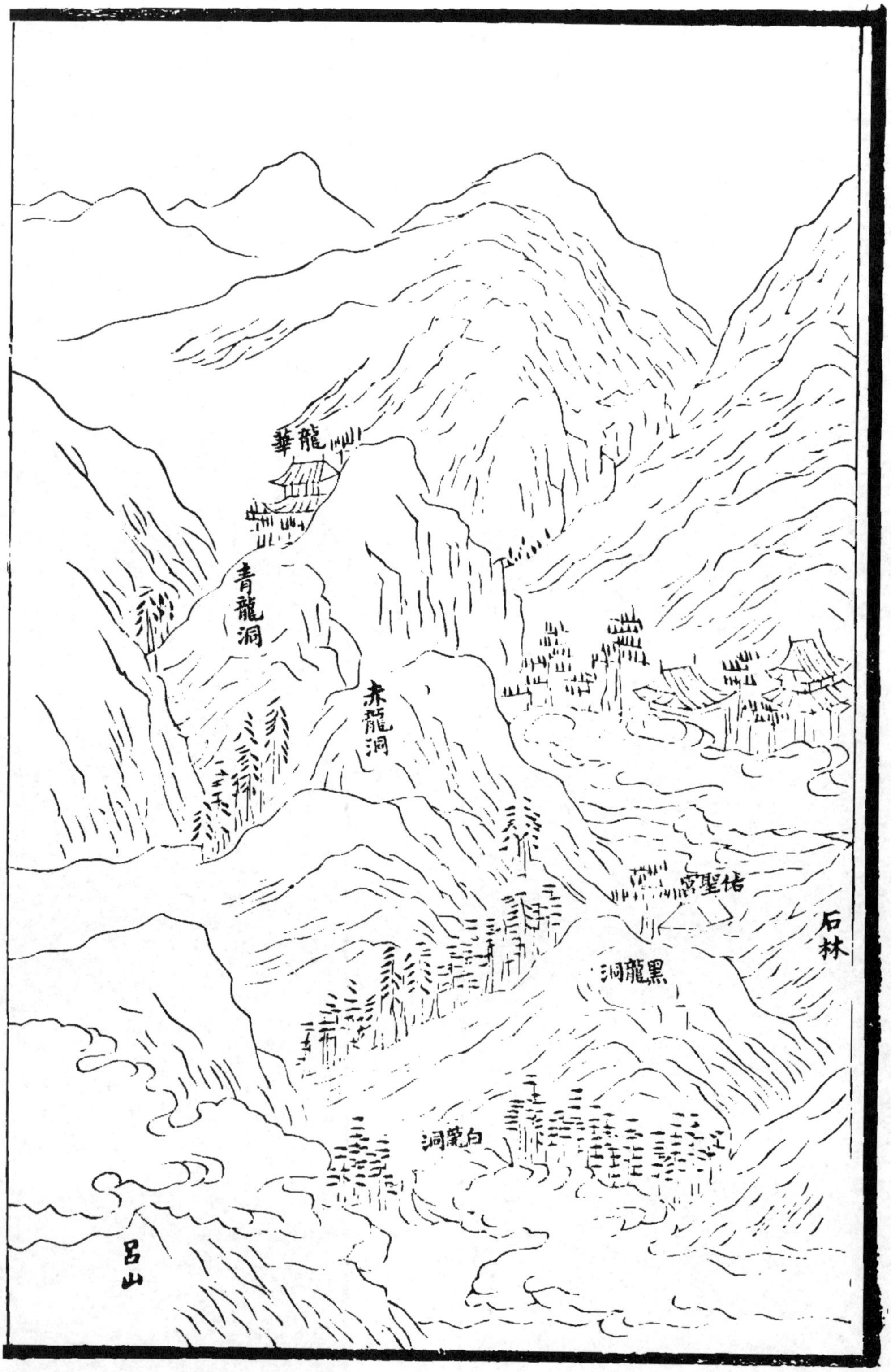

弁山图 / 选自同治《湖州府志》

弁山圖
珀石山岩
西陵山
黃龍洞
白雀
小玲瓏洞
幻住
大玲瓏洞

道场山图 / 选自同治《湖州府志》

道場山圖

碧浪湖图 / 选自同治《湖州府志》

碧浪湖圖

龙泉山图 / 选自万历《绍兴府志》

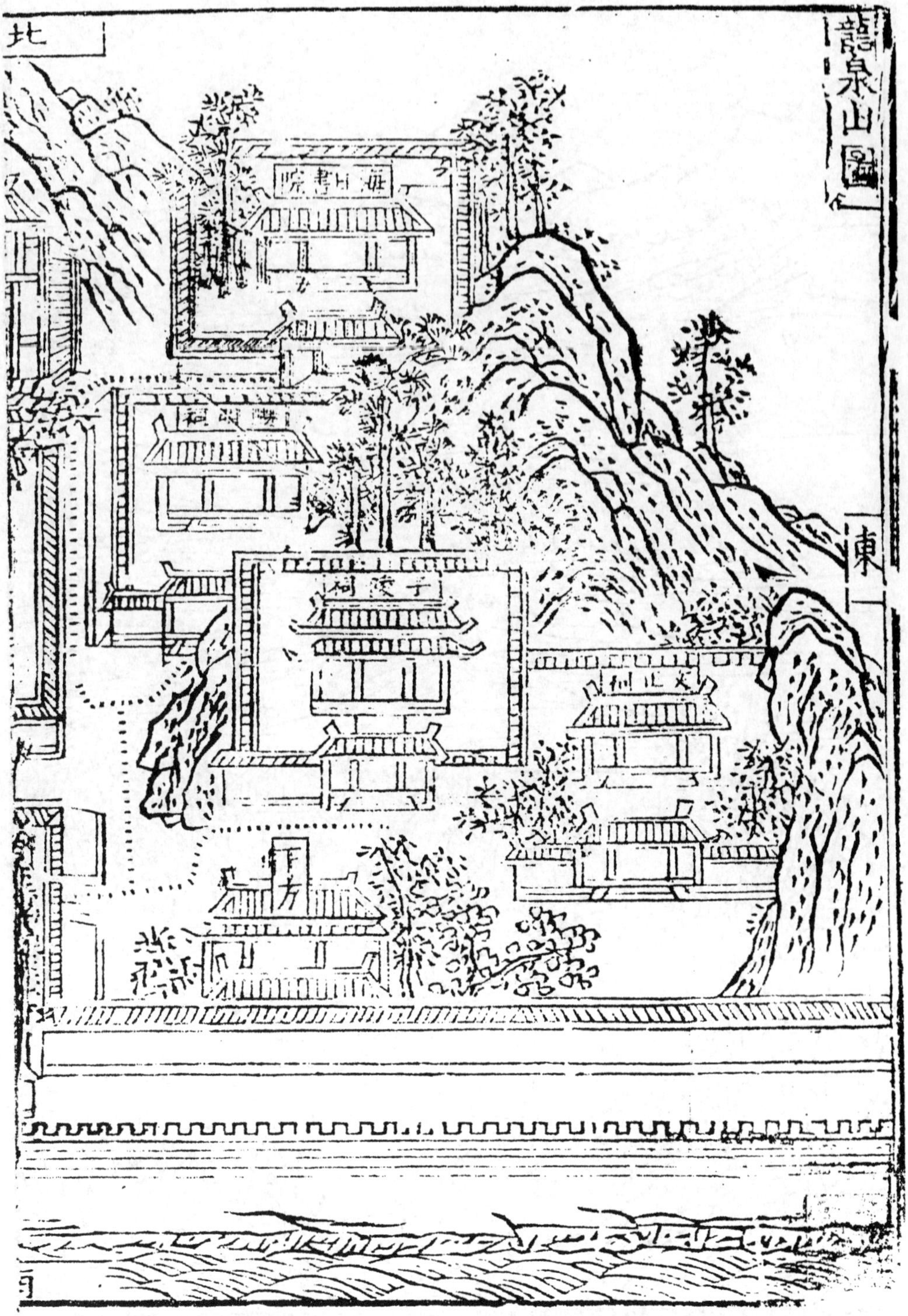
龍泉山圖
北
東
海日書院
子陵祠
文正祠

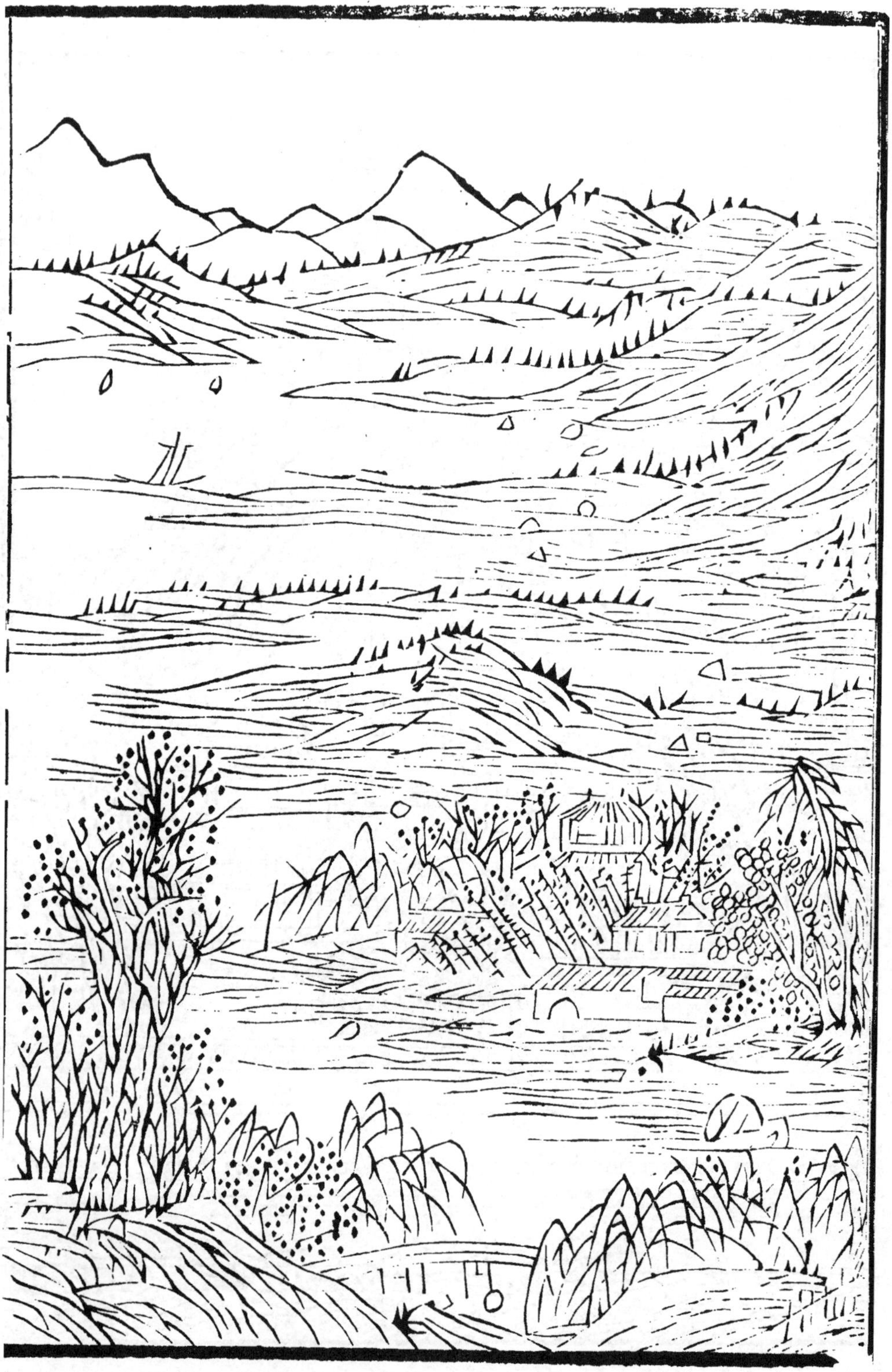

上箬图 / 选自同治《长兴县志》

上箬

下箬图 / 选自同治《长兴县志》

下箬

碧岩图 / 选自同治《长兴县志》

碧岩
清空世界
東坡書

顾渚山图 / 选自同治《长兴县志》

顧渚山
金沙泉

画溪图 / 选自同治《长兴县志》

畫溪

宁波

日岭图 / 选自《雪窦寺志略》

日嶺

白岩图 / 选自《雪窦寺志略》

經堂
溪口
蕭王廟
沙堤

雪窦寺图/选自《雪窦寺志略》

乳峯
中峯
石竇
上雪峯
玄珠峯
奉慈寺
祖塔
五龍澗
天開圖畫
東澗
祖塔
西澗
銜珠林
御書亭
降龍塔
翰林松
萬歲塔
伏龍橋
錦鏡池
祖師塔
象鼻峯
天馬峯
百步嶺

雪窦山图 / 选自《雪窦寺志略》

二十里雲
隱潭

四明山图 / 选自雍正《浙江通志》

四明山圖

四明洞天图 / 选自万历《绍兴府志》

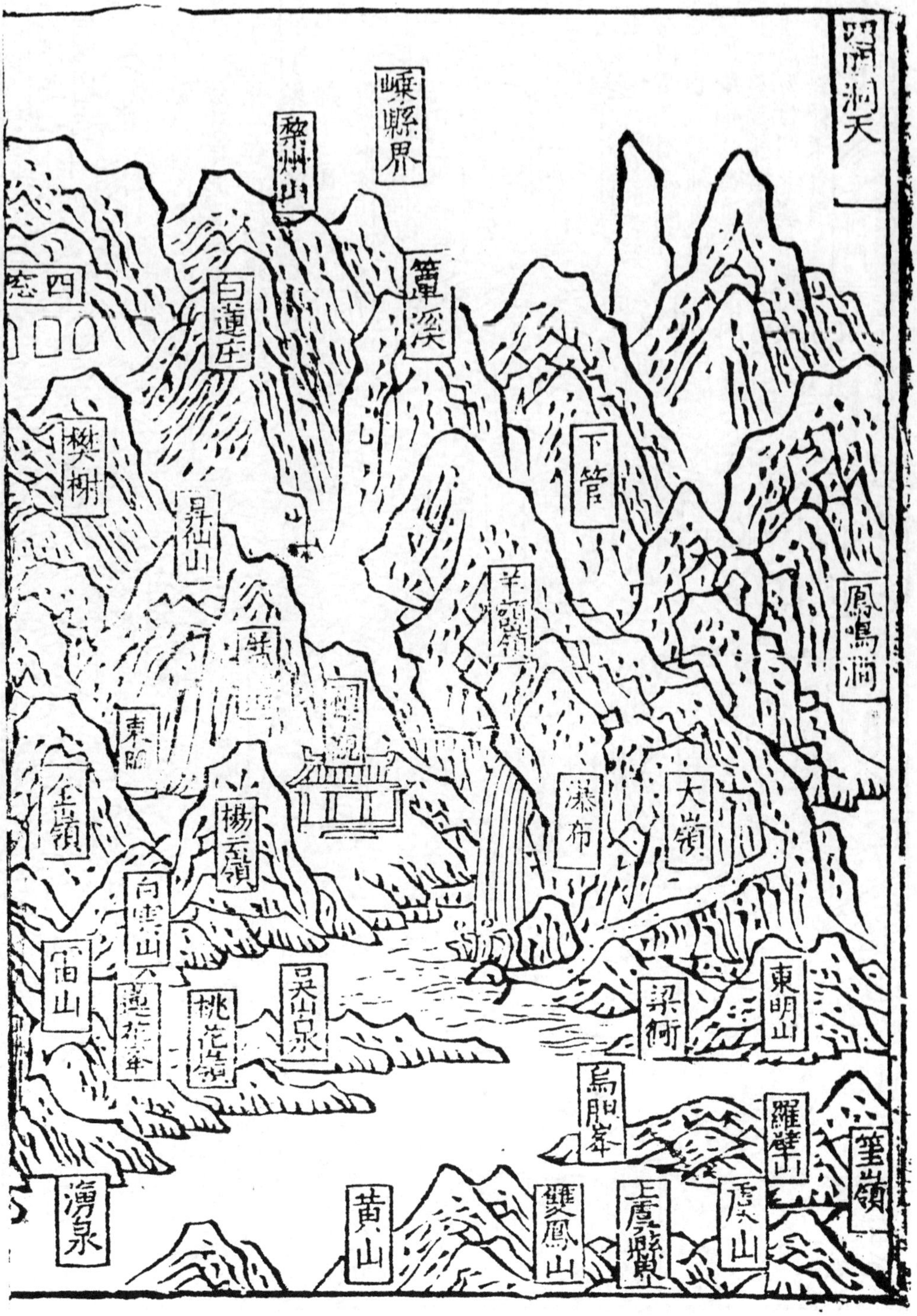
四明洞天
嵊縣界
四窗
白蓮庵
簟溪
下管
樊榭
鳳鳴洞
瀑布
大嶺
東明山
羅壁山
筆嶺
上虞縣界
雙鳳山
黃山
湧泉
桃花嶺

宁海县山川图／选自崇祯《宁海县志》

沙濵山
空山
靜巖門
陀頭山
皆山
東西鵝山
空山洋
大佛頭洋係海門關信三門居林門之南為本區
要派哨官一員部領兵
上游嘉靖三十六年賊船
由此登犯官兵追遁今設
哨官一員部領兵船十二
金齒門西北隻泊守南與大佛頭北與
林門各兵船會哨
各兵船會哨
青門
横山
五嶼洋
猫頭烽堠
後沙烽堠
健跳所汛期
本所分哨
健跳港
健跳所
去海五里
黃礁山
正嶼
茶盤山
寧海縣

绍

兴

客星山严子陵墓旧图 / 选自万历《绍兴府志》

子陵墓
清風閣
客星菴

东山图 / 选自万历《绍兴府志》

東山圖
謝公祠
明月堂
白雲軒
月池
東眺
薔薇洞

天姥山图 / 选自万历《绍兴府志》

天姥山圖
天姥寺
關嶺鋪

兰芎山图 / 选自万历《绍兴府志》

蘭芎山圖

水帘洞图/选自万历《绍兴府志》

水簾圖

梅里尖图 / 选自万历《绍兴府志》

圖

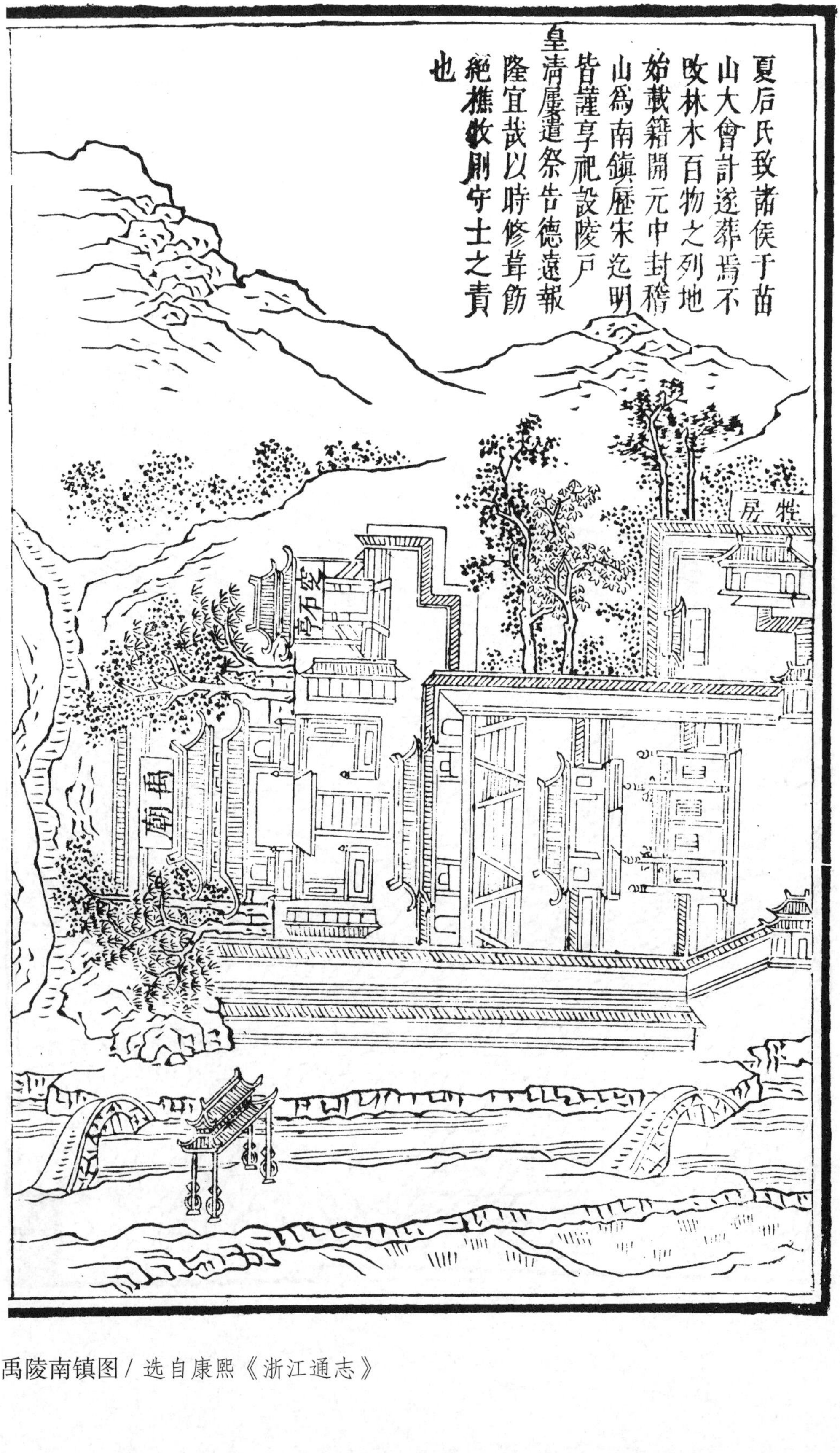

禹陵南镇图 / 选自康熙《浙江通志》

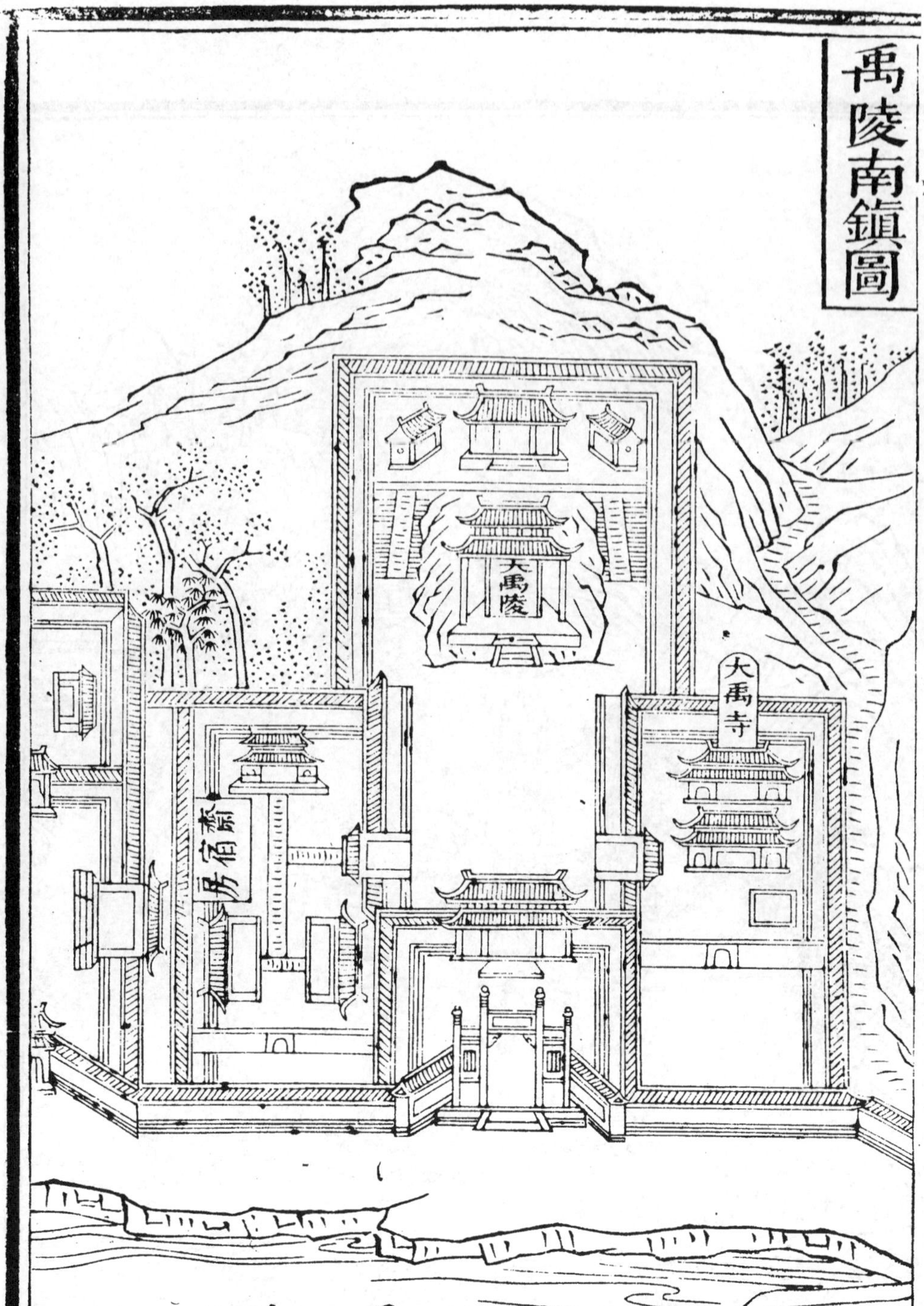
禹陵南鎮圖
大禹陵
大禹寺
齋宿房
禹池

禹陵图 / 选自雍正《浙江通志》

禹陵圖
天柱峯
宛委山
大禹寺
禹池

大禹陵图 / 选自乾隆《绍兴府志》

石帆山
大禹陵
禹跡寺
碑亭
菲飲泉
禹池

南镇图 / 选自雍正《浙江通志》

南鎮圖
秦望山
天柱峰
齋宿房

南镇庙图 / 选自嘉庆《山阴县志》

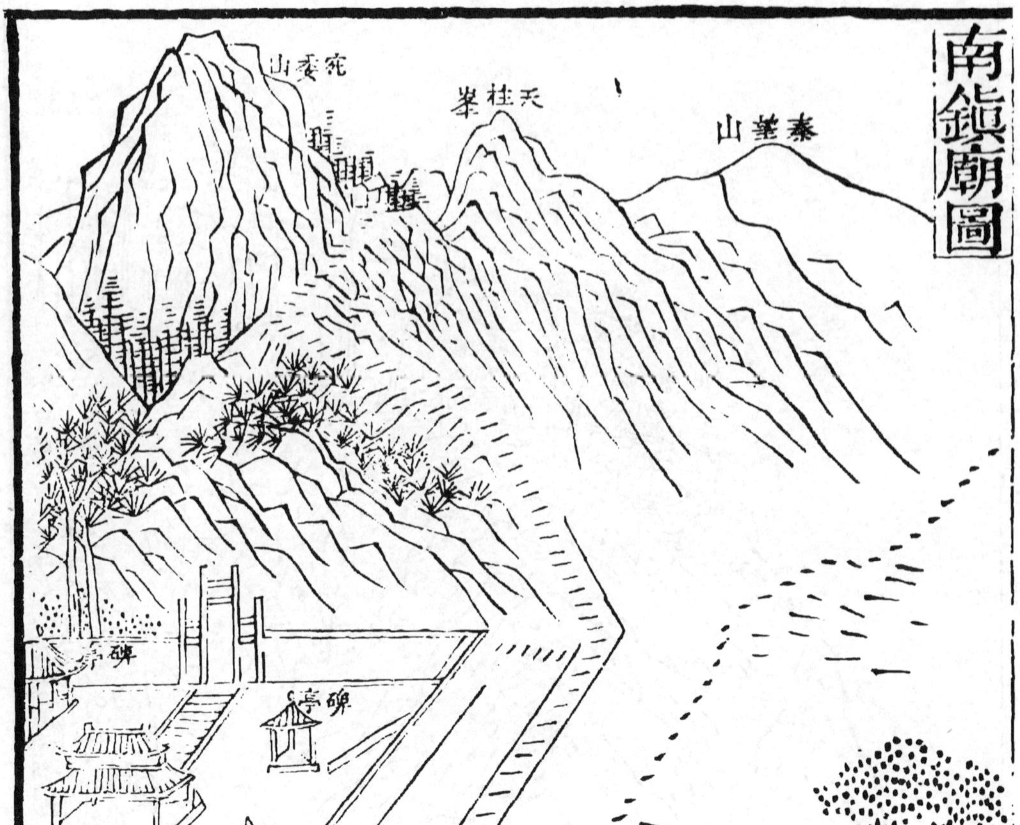
南鎮廟圖
宛委山
天柱峯
秦望山
碑亭
碑亭
廣澤原

古卧龙山图 / 选自乾隆《绍兴府志》

松風閣
紹興府署

兰亭图 / 选自乾隆《绍兴府志》

七賢橋

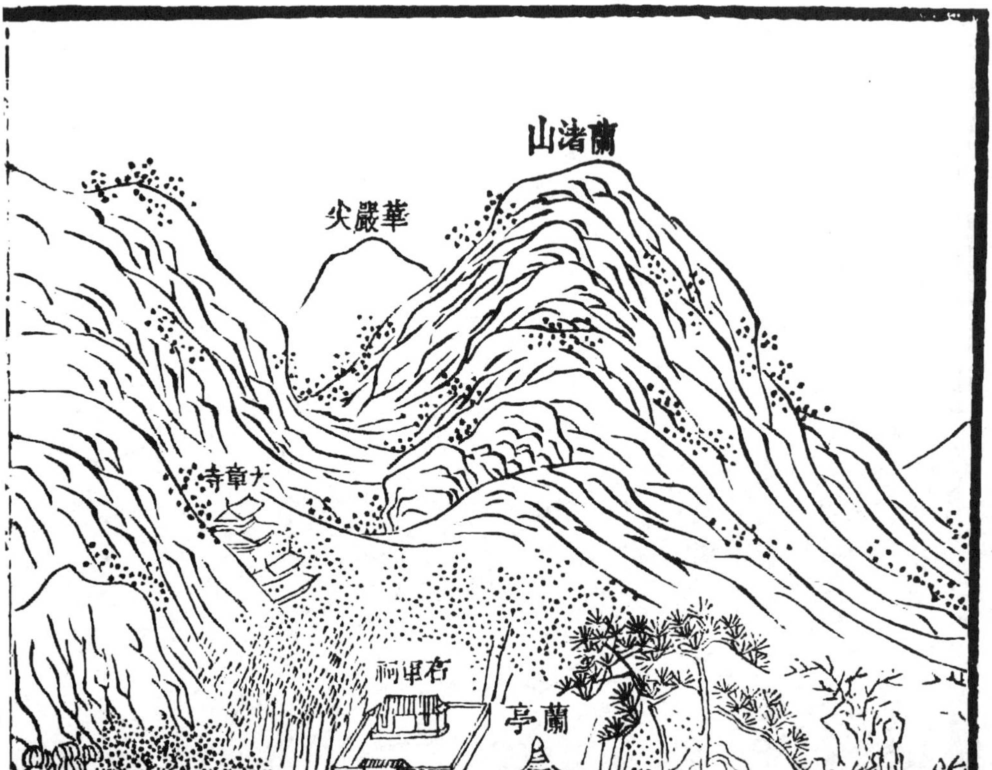

兰亭图 / 选自嘉庆《山阴县志》

蘭亭圖
七賢橋

蕺山书院图 / 选自乾隆《绍兴府志》

安庆

大龙山图 / 选自光绪《重修安徽通志》

龙眠山图 / 选自光绪《重修安徽通志》

南岳天柱图 / 选自光绪《重修安徽通志》

天柱峯

小孤山图 / 选自光绪《重修安徽通志》

安庆

黄山

祥符寺图 / 选自《黄山志定本》

黄山

慈光寺图 / 选自《黄山志定本》

慈光寺

青鸾峰图 / 选自《黄山志定本》

青鸞峰

掷钵禅院图/选自《黄山志定本》

擲鉢禪院

松谷图 / 选自《黄山志定本》

松谷

翠微寺图 / 选自《黄山志定本》

黄山

祺中书院图 / 选自《黄山志定本》

谼中

鸣弦泉图 / 选自《黄山志定本》

鳴弦泉
醉石
佛頭岩

始信峰图 / 选自《黄山志定本》

始信峰

石笋矼图 / 选自《黄山志定本》

石筍矼
仙掌
九龍潭

狮子峰图 / 选自《黄山志定本》

獅子峰

圣泉峰图 / 选自《黄山志定本》

聖泉峰

炼丹台图 / 选自《黄山志定本》

煉丹臺

洋湖图 / 选自《黄山志定本》

黄山

白鹅峰图 / 选自《黄山志定本》

石門峯

云海奇观图 / 选自《黄山志定本》

雲海奇觀